KB266001

알면 잠 못 드는

위험한
인문학

알면 잠 못 드는

위험한
인문학

인류학적 오답 연구

다크모드 지음

모티브

가장 영리한 실패

인간은 불을 피웠다. 돌을 깎아 도구를 만들었고, 바퀴를 굴려 땅을 건넜고, 배를 띄워 바다를 건넜다. 글자를 만들었고, 숫자를 만들었고, 도시를 세웠다. 그리고 마침내 하늘을 넘어 달까지 갔다.

46억 년 동안 지구 위에 태어났다 사라진 종이 셀 수 없이 많다. 그중에 이만큼 해낸 종은 없다. 인간은 문제를 만나면 머리를 쓴다. 답을 만들고, 고치고, 더 나은 답을 또 만든다. 그 능력 하나가 인간을 여기까지 데려왔다.

그런데 이상한 일이 있다. 이렇게 영리한 종이, 같은 방식으로 계속 실패한다. 답을 만들어놓고, 그 답이 새로운 문제가 된다. 다 됐다고 생각한 바로 그 순간에, 생각지도 못한 데서 무너진다.

그것도 한두 번이 아니다. 수천 년 전에도 그랬고, 수백 년 전에도 그랬고, 어제도 그랬다. 기술은 바뀌고 시대는 달라져도, 인간이 반복하는 실패는 크게 달라지지 않는다.

이 이야기는 옛날이야기가 아니다. 지금도 반복되고 있고, 앞으로도 쉽게 끝나지 않을 것이다. 왜 그런 걸까. 머리가 나빠서가 아니다. 인간은 충분히 영리하다. 문제는 다른 데 있다. 인간은 무언가를 만들 수는 있지만, 그것이 어디까지 흘러갈지는 끝까지 보지 못할 때가 많다. 만드는 순간에는 당장 눈앞의 문제에 더 강하게 끌리기 때문이다.

사람들은 늘 해결해야 할 대상에 먼저 집중한다. 없애야 할 것, 막아야 할 것, 이겨야 할 것. 그 앞에서는 그다음 남은 일들이 자주 뒤로 밀린다. 눈앞의 문제를 처리하는 데 성공할수록, 보이지 않는 바깥에서 벌어질 일은 더 늦게 보인다.

전부 한 가지 질문이 늦었다. "그다음에는 어떻게 되지?" 이 질문이 빠지는 순간, 아무리 영리한 계산도 예상 밖의 자리에서 틀어진다. 그리고 이건 시대를 가리지 않는다.

이 책에는 시대도 장소도 다른 이야기들이 실려 있다. 언뜻 보면 전혀 관련없어 보이지만, 읽다 보면 비슷한 모양의 실패가 반복된다는 걸 보게 된다. 인간은 무언가를 만들고, 그것을 믿고, 끝내 그 믿음 때문에 틀어진다.

이 책은 단순한 사건 모음집이 아니다. 또한 기괴한 사건들을 늘어놓고 놀라게 만드는 책도 아니다. 이 책이 보여주려는 건 사건 자체가 아니라, 그 사건들 아래 깔려 있는 하나의 패턴이다. 왜 같은 실수가 시대를 넘어 되풀이되는가. 왜 영리한 사람들이 만든 것들이 엉뚱한 곳에서 무너지는가.

이 책이 남기고 싶은 것은 거창한 교훈도 아니다. 내 판단이 어디까지만 보고 있었는지, 내가 놓치고 있던 '그다음'이 무엇이었는지, 그 장면을 조금 더 빨리 알아보는 일이다.

이 책은 인간이 반복해온 오류의 기록이다. 그리고 그 기록은 당신의 이야기이기도 하다.

01

장면 안으로 들어가라

이 책의 많은 꼭지는 "당신"으로 시작한다. 고대 로마의 법정에 서 있는 당신, 바다 한가운데 형벌을 기다리는 당신, 광장 한가운데 코끼리와 마주한 당신. 역사 속 장면 안에 독자를 직접 세워두는 방식이다. 구경하듯 읽지 말고, 그 자리에 있는 사람으로 읽어라. 그 자리에서만 보이는 것들이 있다. 단, 완전범죄를 다루는 3장은 다르다. 그 장에서는 사건의 바깥에서 들여다보는 시선으로 읽힌다.

02

질문이 나오면 생각해보라

이 책에는 가끔 질문이 나온다. "당신이라면 어떻게 하겠는가?" 그냥 넘기지 말고 3초만 멈춰서 진짜로 생각해봐라. 대부분은 각자가 생각한 그럴듯한 답이 떠오를 것이다. 그리고 다음 페이지에서 그 그럴듯한 답이 어떻게 틀어지는지를 보게 된다. 그 간격이 이 책에서 가장 불편하고, 가장 재밌는 부분이다.

03

에피소드가 끝나는 지점을 놓치지 마라

각 꼭지의 끝에는 "인간의 오류"가 정리되어 있다. 흥미로운 이야기로 읽다가 거기서 멈추어도 괜찮다. 하지만 그 마지막 문장들을 그냥 지나치지 않기를 권한다. 하나씩은 별것 아닌 것 같아도, 읽는 동안 조용히 쌓이면서 어느 순간 역사 속 인물들의 실패가 남의 이야기가 아니라는 느낌이 올 것이다.

CONTENTS

PART 1

형벌

정의와 폭력

인간은 왜 단순히 사람을 죽이는 데서 멈추지 않았을까. 왜 죽음을 더 길게 만들고, 더 많은 사람이 보게 만들고, 하나의 절차와 상징으로 정리하려 했을까. 형벌은 범죄에 대한 보복이나 질서의 회복이라고 설명되곤 하지만, 역사 속의 극단적인 처형들은 그보다 더 많은 것을 드러낸다.

이 장에서 보게 될 형벌들은 단순히 잔혹한 옛이야기가 아니다. 그것들은 한 사회가 죄인을 어떻게 보았는지, 권력이 고통을 어떤 방식으로 사용했는지, 그리고 인간이 정의를 말하면서 어디까지 폭력을 정당화해 왔는지를 보여주는 기록이다.

PART 1

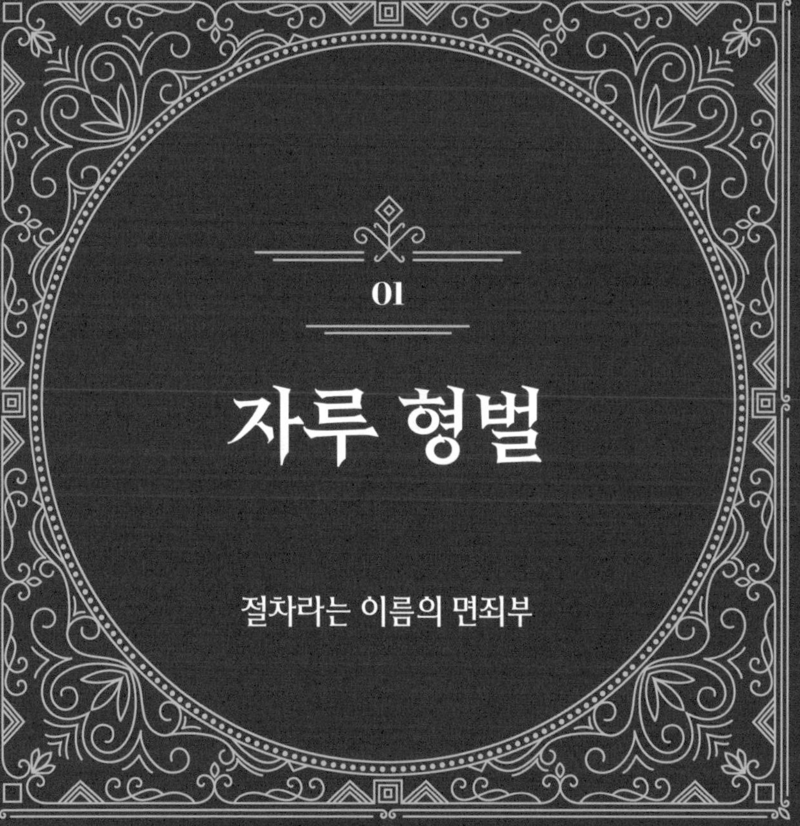

01

자루 형벌

절차라는 이름의 면죄부

죄인을 짐승과 함께 묶어 처리하는 의식은 단순한 처형이 아니라, 공동체가 폭력을 정의의 절차로 바꾸며 죄책감을 지워내는 장치였다.

기원전 1세기 고대 로마의 법정, 당신은 지금 차가운 바닥 위에서 판결을 기다리고 있다. 재판을 구경하는 관중들의 얼굴에는 분노를 넘어선 경멸까지 느껴진다.

당신에게 씌워진 죄목은 존속 살해

∧ ∨ ∧ ∨ ∧

고대 로마인들이 생각하는, 최악의 금기 사항으로 전해지는 존속 살해였다. 곧이어 판결문이 낭독된다. 지켜보는 관중들은 놀라지 않는다. 오히려 이상하리만큼 정적을 유지한다. 모두가 그 형벌이 내려질 것이라고 예상하고 있기 때문이다.

바로 포에나 쿨레이. 라틴어로 자루 형벌이라는 뜻이다. 집행인이 가져온 것은, 교수형을 위한 끈질긴 밧줄이나, 참수형을 위한 단순한 날붙이가 아니었다. 그들이 가져온 것은 조금의 윤기가 흐르는 동물의 가죽으로 만들어진 거대한 자루였다. 그리고 집행관들은 막대로 보이는 듯한 물건을 꺼내, 당신을 인정사정 없이 때린다.

얼마나 지났을까, 정신을 차리지 못하는 당신을 준비된 자루 안에 들어가라고 지시한다. 당신은 자루 안에 들어간다. 어둡기도, 축축하기도 하며, 찝찝하고 짐승에게서 나는 비릿한 냄새가 서서히 코에 스며들기 시작한다. 그리고 그 뒤로 집행관들이 의문의 생명체들을 자루 안에 하나씩 넣기 시작한다.

처음으로 넣은 것은 수탉. 어두운 곳에 들어간 수탉은 귀가 찢어지도록 울음 소리를 내기 시작한다. 그다음 넣은 것은 개였다.

잘 보이지 않지만 당신을 매우 경계하고 있다. 그다음에 집행관들은 독사를 넣었다. 그리고 마지막으로 원숭이를 넣었다.

당신과 네 마리의 동물이 들어간 자루의 입구는 절대 풀리지 않게 꽉 묶어두고, 수레에 실린 채 가까운 강이나 바다로 향하게 된다. 그리고는 그 자루를 물 속으로 던져버린다. 깊은 물 속으로 가라앉으면서, 숨막히는 자루 안에서 동물들과 뒤엉키며 서로 공격하고, 상처를 낸다. 그렇게 당신이 천천히 익사하거나 질식으로 목숨을 잃게 되면 형벌은 마무리 된다.

모두가 두려움에 떨었던 고대 로마의 형벌 중 하나인 포에나 쿨레이, 즉 자루 형벌은 죄인을 자루에 넣어 묶은 뒤 물에 던지는 처형으로 전해진다. 시대에 따라 동물의 구성이나 세부 디테일들은 다르지만 자루 형벌의 절차는 대체로 이런 흐름으로 묘사된다.

죄인을 막대 혹은 채찍으로 구타하고, 죄인의 머리에는 짐승 가죽을 씌우고 발에 나막신 같은 나무 신발을 신긴다. 이후에 가

죽 자루에 넣고 동물 네 마리(수탉, 개, 독사, 원숭이)를 함께 넣어 자루를 꿰맨다. 그리고 자루를 가까운 강이나 바다에 던진다.

고대 로마인들은 왜 이런 형벌을 만들었을까?

현대 시대도 당연히 그렇겠지만, 특히 고대 로마 시대의 로마인들에게 존속 살해란, 그중에서도 자신의 아버지를 살해하는 부친 살해는 단순한 살인 이상의, 매우 심각한 범죄로 알려졌다.

아버지는 가장을 뜻하고, 가장은 가족을 위해 모든 것을 책임지고 행동한다. 국가와 국민의 관점으로 본다면, 가장은 국가로도 생각할 수 있다. 로마인들은 아버지에 대한 공격이 사회의 질서, 곧 로마라는 국가의 시스템을 공격한 걸로 간주될 수 있다고 생각했다.

고대의 로마인들은 존속 살해를 저지른 죄인을 그냥 처형할 수 있었다. 목을 메다는 교수형이나, 참수형 등으로 한 번에 끝낼 수 있었다. 하지만 그걸로는 부족했다.

로마인들의 입장에서 로마라는 나라의 시스템 근간을 흔든 죄인을, 한순간에 죽음을 맞게 하는 건 너무나도 자비로웠다고 생각했을 것이다. 그들은 죄인에게 더 잔혹하고 끔찍하게 벌을 주고 싶어했다. 아예 이 세상에서 죄인의 존재 자체를 지워버리고 싶어한 것이다.

그들이 생각한 자루 형벌의 핵심은 죽음 그 자체보다, 죄인을 세상에서 아예 지워버리는, 죽어서도 다시는 돌아오지 못하게 추방해버리는 방향이었다. 이 형벌은 한마디로 죄인에게 '너는 인간이 아니다' 라는 메세지를 형벌의 형식으로 보여줬다.

집행인들이 존속 살해를 저지른 죄인을 먼저 때린다. - 짐승의 가죽을 얼굴에 씌운다. - 나막신과 같은 나무 신발을 신긴다. - 자루에 넣는다. - 동물들을 넣는다. - 강이나 바다에 던진다.

죄인을 막대기로 때리는 것은 일종의 정화 의식과도 같았다. 짐승의 가죽을 얼굴에 씌운다는 것은 사람의 얼굴을 지운다는, 즉 사람 대 사람으로 보지 않겠다는 신호였다. 발에는 나무 신발을 신긴다는 것은 더 이상 죄인에게 밟을 땅이 없다는 추방의 상징으로 읽히기도 한다. 이는 단순히 죄인을 죽이는 방식이 아니었다. 방식은 너무나 불편하고, 쓸데없이 불필요한 것들의 차례였다.

이러한 방식으로 죄인을 사람 대 사람이 아닌 짐승과 같이 다루겠다는 시각화된 처형 방식이었다.

그렇다면, 자루에 들어간 동물들은 왜 하필 이 네 마리의 동물들이였을까? 자루 속에 함께 들어간 동물들은 각각 존속 살해범을 비유하거나 경멸하는 상징적 의미를 담고 있었던 것으로 추정된다. 로마의 법전이나 당대의 기록 어디에도 이 동물들을 선택한 이유를 명확히 설명한 문헌은 존재하지 않는다.

또한 수 세기가 흐르면서 형벌에 대한 정보가 통일되지 않아 정확한 사실을 파악하기는 어렵다. 기록에 따라 동물의 종류가 다르거나, 일부 기록에서는 원숭이가 애초에 포함되지 않았다고 전해지기도 한다. 그럼에도 불구하고, 각 동물이 가진 상징에 대한 여러 해석이 존재한다.

- **독사**: 고대인들은 독사가 어미의 배를 찢고 태어난다고 믿었다. 이는 존속 살해를 행한 죄인을 직접적으로 비유한 것으로 전해진다.
- **개와 수탉**: 로마인들은 개와 수탉을 부정적이고 경멸의 대상으로 자주 표현했다고 전해진다.
- **원숭이**: 사람을 닮은 동물이지만 사람이 아닌 동물로 표현되며, 죄인을 낮춰 부르는 것 같다는 해석으로 전해진다.

정의의 이름으로 포장된 형벌의 잔혹성

∧ ∨ ∧ ∨ ∧

복잡하고 의식적인 처형 절차는 집행관의 죄책감을 덜고, 관중에게는 범죄자의 비인간성을 각인시켜 집단적 안도감을 주기 위한 심리적 장치로 기능했다. 유스티니아누스 법전Corpus Iuris Civilis은 이 형벌에 대해 "죄인은 살아있을 때는 공기를 빼앗기고, 죽어서는 땅을 빼앗기게 될 것이다"라고 표현했다. 고대 로마인들에게 이 형벌은 국가 시스템을 수호하는 완벽한 정의의 실현이었지만, 오늘날의 시각으로 볼 때 이는 기괴하고 잔혹한 절차일 뿐이다.

인간은 누군가를 죽일 때 죄책감이라는 본능적인 저항을 받는다. 당신이 고대 로마 시대 집행관이라고 생각해보자. 단순히 죄인을 칼로 목을 내려치는 참수형을 진행했을 때, 당신은 어떤 기분을 느낄까? 한편으로는 이러한 죄인을 이 세상에서 내가 끝낸다는 정의감? 있을 수 있다. 하지만 그 전에 내가 내 손으로 직접 사람을 죽였다는 사실이 너무나도 선명하게 나타날 것이다.

하지만 자루 형벌을 집행하는 집행관이라고 생각해보자. 사람의 얼굴에 짐승의 가죽을 씌우고, 나막신을 신기고, 동물을 차례대로 넣고, 자루를 꿰매고, 강물에 던진다.

당신은 내 손으로 직접 사람을 죽였다는 사실이 떠오를까? 아니면, 이러한 복잡한 절차를 통해, 나는 사람을 죽인 게 아니라 모두가 인정하고 당연히 해야 하는 의식을 집행한 것이라 생각할까? 그 번거로운 절차는 사실 인간의 본능적인 저항인 죄책감을 피하기 위해, 잔인함을 정의로 포장하기 위한 정교한 장치가 아니었을까.

이러한 심리적 효과는 형벌을 지켜보는 관중에게도 동일하게 작용했다. 이번에는 당신이 집행관이 아닌, 재판과 처형을 구경하던 관중이라고 생각해보자. 판결문이 읽히고, 사람들은 고개를 끄덕인다. 그래. 저건 사람이 아니다.

집행을 받는 죄인은 자신의 친족을 살해한 극악무도한 범죄자다. 그 형벌이 기괴하고 잔혹할수록, 그 형벌을 받는 죄인은 인간

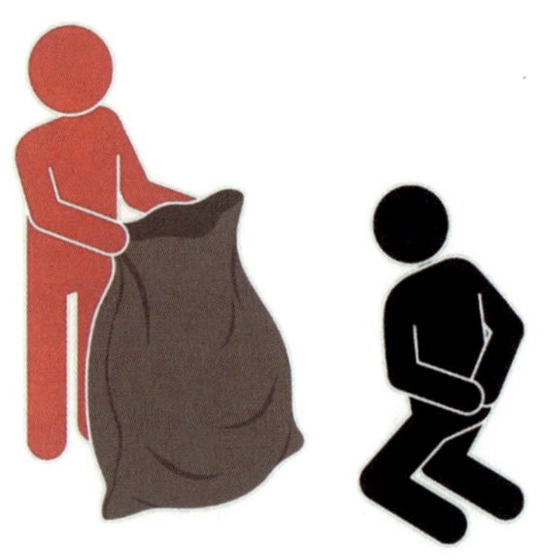

이 아닌 것이 된다. 고대 시대의 당신은 저 자루 속의 괴물과는 다르다고 안도할 것이다. 그 주변의 사람들도 함께 그 집단적인 결론에 동의하며 자신은 정상적인 사회 시스템 안에 머물고 있다고 생각할 것이다.

자루 형벌의 사례는 특정 시대의 사회적 합의가 어떻게 '정의'라는 이름으로 정당화됐는지 보여주는 대표적인 예시이다. 법전에 명시되었고, 정교한 절차가 만들어졌고, 상징이 부여되었고, 정화 의식이라는 이름으로 포장되었다. 정의는 절대적인 진리가 아니라 시대적 합의에 불과할 수 있다는 사실이다. 이것이 자루 형벌에서 볼 수 있는 인간이 범한 오류였다.

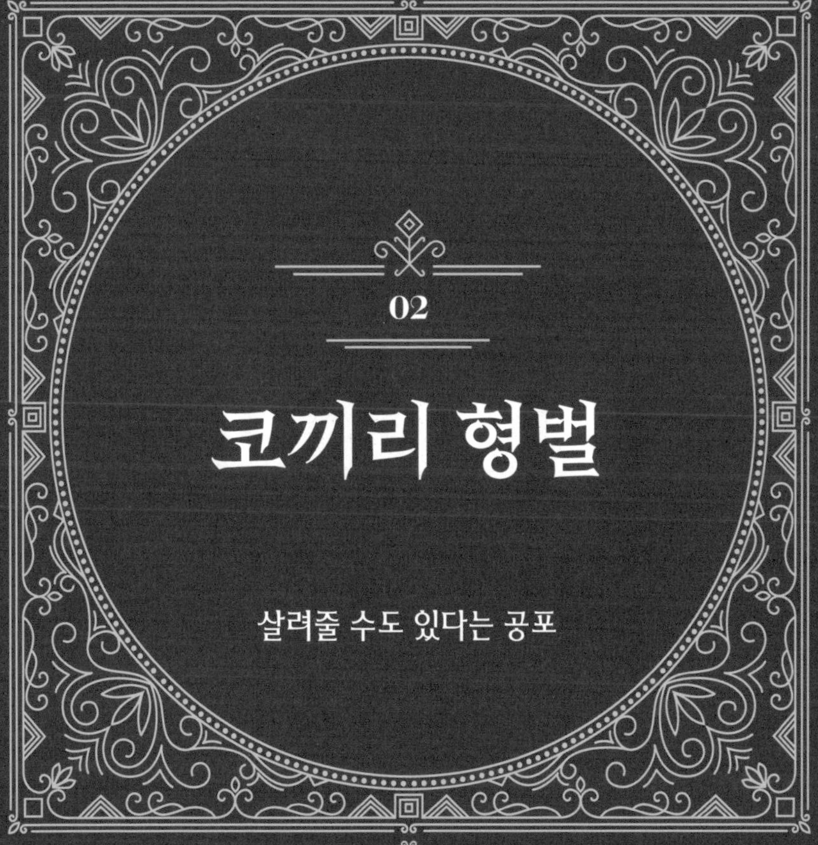

코끼리 형벌

살려줄 수도 있다는 공포

이 형벌의 핵심은 죽음 그 자체보다, 군주의 자비와 처벌이 한순간에 뒤바뀔 수 있다는 사실을 군중 앞에서 보여주는 데 있었다.

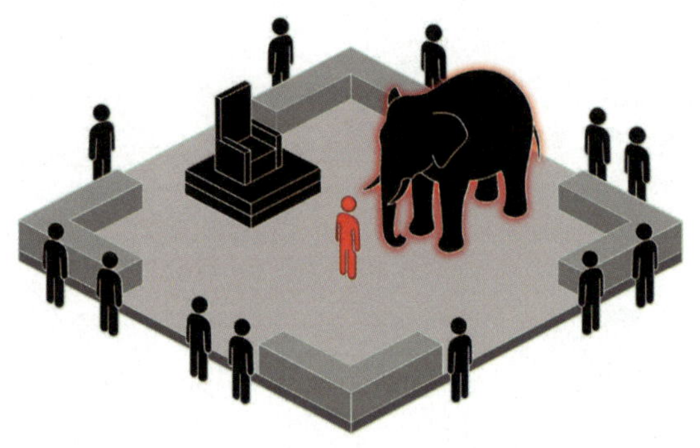

16세기 무굴 제국, 당신은 지금 광장 한가운데에 서 있다. 당신에게 씌워진 죄목은 반역. 당신은 황제에게 반기를 든 반란군의 지도자로 지목되었다. 군중석에 앉아 있는 수백, 수천 명의 관중들은 광장에 묶여있는 당신을 보고 욕하고, 비웃는다. 그리고 어디선가

땅이 울리는 소리가 나기 시작한다.

　바닥에서부터 울리는 소리는 점점 당신에게 가까워진다. 땅이 많이 흔들릴수록, 관중들의 소리도 점점 커진다. 위로 올려다본 순간 당신의 눈 앞에는 거대한 아시아코끼리 한 마리가 나타난다. 그리고 이 코끼리는 오직 당신의 죽음을 집행할 조련사의 지시만을 기다리고 있다. 황제의 명령에 따라 조련사는 지시를 내리고 코끼리는 다리를 들어올린다. 그리고는 당신의 팔과 다리를 천천히 밟기 시작한다.

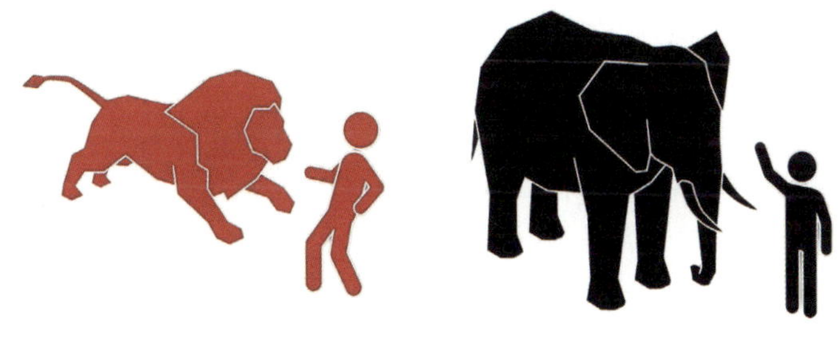

　차라리 굶주린 호랑이나 사자같은 맹수였으면 어땠을까? 맹수는 목줄이 풀리자마자 집행장 가운데에 있는 당신에게 엄청난 속도로 달려올 것이다. 그리고는 목을 순식간에 물어뜯어 숨을 끊어 놓을 것이고, 오히려 그것이 축복이었을지도 모른다.

하지만 왜 본능대로 움직이는 맹수 대신 코끼리라는 동물을 처형장으로 불러냈을까? 코끼리는 매우 영리한 동물이다. 감정을 느끼고, 동료 코끼리와 소통하기도 하고, 공감하기도 한다. 또한 뛰어난 기억력으로 주변 환경을 완벽하게 파악하고, 사람들의 얼굴까지도 기억할 정도이다.

인간은 바로 그 점을 이용했다. 코끼리의 지능과 훈련 가능성은, 이 동물을 역사상 가장 정밀하게 통제하는 처형 도구로 만들었다. 호랑이나 사자같은 맹수를 죄인에게 던져주는 것과는 달랐다. 맹수의 본능에 맡기는 것과 달리 코끼리는 조련사의 명령에 따라 죄인을 즉사시킬 수도, 팔다리를 하나씩 부러뜨리며 천천히 죽일 수도, 심지어 살려줄 수도 있었다.

코끼리는 처형의 속도와 방식을 실시간으로 통제할 수 있는 그야말로 살인 병기였다.

이 형벌이 가장 광범위하게 사용된 곳은 남아시아와 동남아시아, 특히 인도였다. 그 이유는 단순하다. 코끼리가 있었기 때문이다. 아시아코끼리는 인도 아대륙Indian subcontinent 전역에 서식했고, 왕실은 이 동물을 전쟁과 건설, 의례에 이미 광범위하게 활용하고 있었다. 처형은 그 활용의 연장선이었다.

마누 법전 계열 문헌에도 코끼리를 동원한 처벌이 언급된다고 전해진다. 다만 지역과 시대에 따라 어느 정도 처벌의 내용은 다를 수 있지만, 적어도 이 처형은 왕의 변덕만으로 굴러간 것이 아니었다.

처형의 진행 방식은 지역마다 달랐지만, 핵심 구조는 유사했다고 전해진다. 죄인은 공개된 장소에서 수많은 군중 앞에 끌려나온다. 훈련된 코끼리가 조련사의 지시에 따라 형을 집행한다.

기본적인 방식은 머리를 밟아 죄인을 즉사시키는 것이다. 죄인의 머리를 받침대 위에 올려놓게 한 뒤, 조련사의 명령이 떨어지면 코끼리가 밟는 방식이었다. 이것은 오히려 관대한 경우였다. 죄인을 천천히 죽이라는 명령이 떨어지면, 코끼리는 죄인의 머리가 아닌 사지를 하나씩 밟아 부러뜨리기 시작한다. 그리고 마지막에 고통에 울부짖는 죄인의 머리를 밟아 처형을 마무리했다고 전해진다.

도대체 코끼리를 이용한 처형이 오랜 시간 동안 넓은 지역에서 유지될 수 있었던 이유는 무엇일까? 이는 바로 권력의 연출이었다.

코끼리 처형이 유지된 데에는 단순한 잔혹함 이상의 기능이 있었다. 왕이 자연의 거대한 힘을 완벽하게 통제한다는 것, 그 힘으로 죄인의 생사를 결정할 수 있다는 것, 그리고 원한다면 자비를 베풀 수도 있다는 것을 군중 앞에서 보여주기 위함이었다.

'너의 생사는 내 뜻에 달렸다.'

코끼리 처형과 달리 다른 처형 방식은 이러한 유연성을 제공하지 못했다. 교수형이나 참수형은 집행하면 끝이다. 번복할 수 없다. 사자나 호랑이같은 맹수도 마찬가지다. 그러나 코끼리 처형은 마지막 순간까지 죄를 사면하는 가능성을 열어두었다. 왕이 손을 들면 코끼리는 멈추었고, 반쯤 죽은 죄인이 왕의 자비에 감사하며 살아가게 만들었다. 그 가능성이 실재했는지 여부와 별개로, 한 가지 더 중요한 것은 군중이 형벌을 목격하는 형식이다.

코끼리가 발을 멈추는 순간, 처형장에서 살아 돌아온 죄인은 왕에게 자비를 느낄 것이고 절대적으로 충성을 할 것이다. 그 광경을 목격한 군중들은 어떤 기분이었을까? 아마 공포감과 일종의 경외심도 들었을 것이다. 코끼리가 죄인을 죽이는 것은 형벌이었지만, 살려주는 것은 자비이자 선의었다. 죽이든 살리든, 메시지는 동일했다. 어차피 이 모든 것이 왕의 뜻에 의해 결정된다는 것이다.

생사여탈권을 쥔 자가, 즉 당시의 황제라는 위치에 있던 자가 죄인을 죽이지 않았다고 해서, 우리는 그것을 황제의 선의, 자비, 정의라고 믿어버리게 되는 것이다. 여기서 우리가 알 수 있는 인간이 범한 오류는 권력자가 폭력을 행사할 수 있는 상황에서 폭력을 덜 행사했을 때 우리는 그것을 폭력의 축소가 아닌, 미덕으로 받아들이는 경향이 있다. 살려줄 수도 있다는 말은 언뜻 보면 관대해 보이지만 사실은 더 완벽한 지배를 뜻하기도 한다.

코끼리 처형은 영국의 식민 통치가 확대되면서 점차 사라졌고, 근대 행정 체계 속에서 제도권에서 밀려났다. 코끼리 처형이 사라진 것은 인간이 그 잔혹함을 성찰했기 때문이 아니었다. 새로운 권력이 오래된 권력의 도구를 대체한 것이다.

03
키홀링
바다 위의 질서

탈출할 곳 없는 배 위에서는 공포가 곧 규율이 되었고, 형벌은 그 고립된 세계를 유지하는 가장 직접적인 질서의 언어가 되었다.

17세기의 대항해시대, 당신은 지금 바다 한 가운데에서 형벌을 기다리고 있다. 당신이 받아야 할 형벌은 이미 정해져 있다. 선장의 명령을 어겼든, 동료의 물건을 훔쳤든, 전투 중 겁먹고 도망쳤든 어떤 말로 포장해도 결론은 같았다.

당신이 묶인 이유는 배 위에서의 금기, 공동체를 뒤흔드는 행동을 했기 때문이다. 선장의 지시에 따라 동료 선원들은 당신의 팔과 다리를 묶기 시작한다. 그리고 배의 한쪽 난간에서 밧줄을 내려 당신과 연결시킨다. 여기서 다른 밧줄을 하나 더 연결하는데 다른 밧줄은 배의 밑부분인 용골 아래를 통과해 배의 반대편과 연결시킨다. 그리고 묶인 당신을 난간에서 떨어뜨리고 반대편에서 도르래 등으로 끌어올린다. 당신에게 내려진 형벌은 바로 키홀링이라는 형벌이었다.

이윽고 선장의 명령이 떨어지면 당신을 난간에서 투하시킨다. 바다에 떨어진 당신은 짜디짠 바닷물을 마시며 살려달라고 외치지만, 선장은 그럴 생각이 없어 보인다. 선장의 명령이 이어지고, 동료 선원들이 배의 반대편에 위치한 도르래에서 밧줄을 돌려 당신을 끌어올리기 시작한다. 당신에게 묶여있는 또다른 밧줄에서 당기는 힘이 느껴지기 시작한다. 그렇게 당신은 배의 밑부분으로 끌려들어가기 시작한다. 배와 타이트하게 붙어있는 당신은 배의 바닥과 살이 마찰하기 시작하며 피부가 뜯겨나가기 시작한다. 더 안타까운 점은, 배의 바닥 부분이 그렇게 매끄럽지가 않다는 점이다. 배의 밑 바닥 부분에는 따개비와 같은 것들이 붙어있어 피부가 심하게 뜯겨나가기 시작한다.

물론 물 속에서 숨도 못 쉬는 건 당연하다. 배 반대편으로 끌어올려질 때까지, 숨은 참고 있어야 한다. 배의 반대편에서 끌어올려진 당신의 모습은 한마디로 너덜너덜했다. 따개비로 인해 찢긴 상처를 치료할 수도 없고, 치료해도 살아남을 확률은 극악이다. 하지만 선장은 무자비했고 선원들에게 한번 더 명령했다. 당신은 다시 난간에서 두 번째 키홀링을 준비한다.

키홀링은 네덜란드어 kielhalen에서 왔으며 문자 그대로 "용골 keel 아래로 끌다"라는 뜻이다. 대체로 알려진 키홀링의 절차를 요약하면 죄인의 팔다리를 묶어 수영을 불가능하게 한다. 배의 가로로 설치된 돛대의 밧줄에 연결하여 죄인을 배 한쪽에서 투하한다. 배 용골 아래를 통과해 반대편으로 끌어올린다. 용골의 따개비로 인해 피부가 심하게 찢기거나, 사지가 절단될 수 있고, 밧줄을 천천히 끌어올리면 몸이 깊이 가라앉아 익사 위험이 높아진다.

네덜란드 해군은 1560년 칙령에서 절도, 불복종, 탈영 등의 중죄에 대한 처벌로 키홀링을 공식 규정했으며, 이것이 현재까지 발견된 키홀링의 최초 공식 법령으로 알려져 있다.

그렇다면 왜 이런 형벌을 만들었을까? 일단 당시 시대의 구조적 특수성을 따져봐야 한다. 대항해시대는 유럽이, 항해 기술과 국가 경쟁을 바탕으로 대서양과 인도양의 장거리 항로를 개척해 전 세계를 하나의 교역 네트워크로 발전한 시기인데, 한번 육지를 뜨게 된 선박은 수개월간 육지와 단절되어 생활해야 했다. 선장의 명령이 곧 권력이고 법이었다. 이로 인해 국가의 사법체계가 미치지 못하는 치외법권의 공간이었다.

또한 많은 선원들은 강제 징집이 되는 상태였고, 이들을 통제하기 위해서는 극단적인 폭력이 주 수단으로 여겨질 수밖에 없었다. 키홀링은 선장이 혼자 명령하고 집행하는 형벌이 아니다. 밧줄을 당기는 것과 투하하는 것 역시 다른 선원들이 함께 진행한다. 동료 선원들이 형벌 집행에 직접 참여하게 하고, 직접 선원들이 죄를 지켜보게 함으로써, 추가적인 집단 내에 생길 수 있는 분열을 차단한다.

또한 시대와 장소의 특수성으로 인해 공개 처형으로 진행된 키홀링은, 공동체 집단이 처형을 목격하면서 같은 공포를 공유하게 되어 역설적으로 공동체의 정체성을 강화하게 만든다. 우리 모두가 저렇게 될 수 있다는 공포감은 오히려 집단을 결속시키는 기반이 되는 것이다. 고대 로마의 공개 처형이나, 코끼리 형벌과 같은 논리지만, 육지가 아닌 바다 위, 배라는 작은 공간에서 일어나는

형벌 – 정의와 폭력

그 효과는 다른 형벌들보다도 훨씬 증폭된다.

리익스뮤지엄이 소장한 리베 피에테르스 판 페르스하위어[1660~1686]의 회화는, 키홀링을 단순한 처벌이 아니라 공개적인 행사처럼 그린다. 화면 안에는 밧줄에 묶인 인물이 배 옆으로 끌려 나와 있고, 갑판과 주변에는 수백 명의 군중이 그 광경을 지켜보는 장면이 묘사되어 있다.. 이 형벌은 당사자에게 가해지는 동시에, 남아 있는 선원 전체에게도 공포를 각인시키는 장치임을 한번 더 확인할 수 있다.

리익스뮤지엄
홈페이지QR

하지만 키홀링은 고통을 주는 데서 끝나지 않는다. 배라는 특수한 공간에서 볼 때 배에서 위 아래는 곧 서열 및 권력으로 비유할 수 있다. 배의 제일 높은 위치에는 선장실이 위치하고, 선장은 배에서 내려다보며 모든 상황을 판단하고 명령한다. 배의 밑 부분

은 어둡고 습하다. 소음과 냄새가 가득한 이곳에서 일을 담당하는 사람은 가장 계급이 낮은 선원들이다.

배는 그 자체로 작은 사회라고 볼 수 있다. 그리고 작은 사회는 언제나 보이든 안보이든 서열을 만든다. 그런 배에서 키홀링은 죄수를 밧줄에 묶어 바다로 떨어뜨려 배의 표면에서 지워버린다. 그리고 죄인을 배의 가장 아래 부분으로 통과시킨다. 이 장면은 일종의 상징적인 추방으로도 보인다. 죄인은 배라는 작은 사회에서 있을 자격이 더 이상 없다라는 뜻으로 말이다.

정리하자면 키홀링은 단순하게 잔인한 처벌이 아니라 고립된 밀폐 공간에서 선장과 선원의 계층 질서를 유지해야 했던 통치 기술이었다.

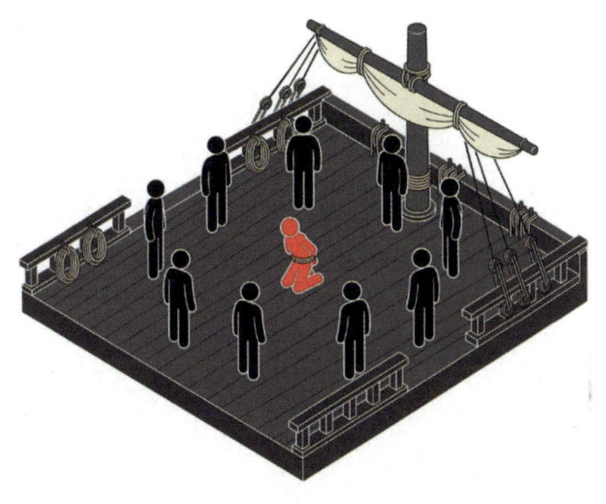

04

우블리엣

잊히는 형벌

아무 일도 일어나지 않는 듯한 방치야말로 이 형벌의 핵심이었다. 사람은 고통만으로 무너지는 것이 아니라, 기억과 관계에서 지워질 때도 무너진다.

　14세기 중세 유럽, 당신은 마을 영주와 권력을 다투다 정치적인 대립을 이유로 숙청을 당할 위기에 처했다. 당신이 마지막으로 들은 소리는, 문이 닫히는 소리였다. 녹슨 쇠가 돌에 부딪히며 울린 소리 이후, 모든 것이 조용해진다.

물방울이 바닥에 떨어져 울리는 물소리, 간수가 걸어오는 발소리, 가끔씩 축축한 빵 조각이 담긴 그릇이 내려오며 바닥에 닿는 둔탁한 소리. 그뿐이다. 이 외에는 아무 소리도 들리지 않는다. 간부 또한 일관된 침묵을 유지하며 당신에게 말을 걸지 않는다. 음식을 내려준 간부는 당신이 살아있는지 생사 확인만 한다. 발소리는 다시 멀어지고, 당신은 다시 남겨진다. 마치 사람이 아니라 구멍에 던져진 쓰레기처럼 말이다.

손을 뻗으면 축축하게 젖은 돌벽이 만져지고, 바닥은 평평하지 않아 제대로 눕지도, 서 있지도 못한다. 습기로 인해 썩은 곰팡이 냄새가 코를 찌르고, 이곳에서는 마음대로 죽지도 못한다. 차라리 죽여달라고 애원해도 간수들은 언제나 무반응으로 최소한의 생존을 위한 음식만 내려줄 뿐이다. 빛이라고는 천장에 설치된 해치 사이로 들어오는 아주 작은 햇빛 뿐, 어둡고 좁고 축축하고 쥐와 벌레가 기어다니는 이곳에서 당신이 할 수 있는 것은 떨어지는 물소리만을 듣는 것뿐, 아무것도 할 수 없다.

당신은 그제야 깨닫는다. 이곳은 당신을 죽이려는 곳이 아니었다. 당신이 살아있는 동안, 세상에서 잊히게 하는 곳이었다. 정신이 미치지 않고서야 버틸 수 없는 이곳은 바로 우블리엣이었다.

우블리엣Oubliette은 프랑스어 동사 잊다oublier에서 파생된 단어

로 이름 자체가 이미 형벌이다. 다만 '우블리엣oubliette'이라는 단어 자체는 중세 사료에서 일반적으로 확인되는 명칭이 아니라, 19세기 이후의 문학·서술에서 널리 퍼진 표현으로 알려져 있다.

또한 이 장치가 중세의 특정 시기와 지역에서 형벌로 제도화되어 널리 사용되었는지는 기록이 제한적이라 단정하기 어렵다. 하지만 중요한 것은, 실제로 우블리엣이라는 개념 자체가 실제로 존재했건 과장되었건 인간의 상상력을 오랫동안 사로잡았다는 사실이다. 따라서 이 장에서는 '사실로 확정된 단일한 제도'라기보다, 잊힘과 격리가 어떻게 공포로 작동하는지에 초점을 맞춘다.

대체로 중세 유럽 시대에 사용되었다고 알려진 우블리엣의 진행 절차는 죄인을 수직 구멍에 밧줄을 내려 가두고 해치를 닫는다. 그리고 간수는 죄인에게 어떠한 말도, 소리도 내지 않는다. 그렇게 수직 구멍에 갇힌 죄인은 탈수로 인한 사망으로 형벌이 마무리 된다.

일부는 음식과 물을 던져 넣어 목숨을 연명시켜 심리적 고통을 최대화하는 방식도 사용했다고 전해진다. 이게 형벌의 모든 절차이다. 아무 일도 일어나지 않는 것, 그것이 형벌이었다. 중세 유럽의 성에는 이 이름을 가진 공간이 존재했다. 천장에 해치형 뚜껑 하나만 달린 좁고 깊은 수직 구멍이었다.

구멍은 사람 하나가 겨우 서 있을 수 있는 너비였다. 누울 수도, 앉을 수도, 무릎을 꿇을 수도, 몸을 돌릴 수도 없는 애매한 크기의 방에 죄인을 가둔다. 또한 내부는 매우 어둡고 습하며, 빛이라고는 천장에 미미하게 비추는 햇빛뿐이었다. 어둠 속에서 죄인은 시간 감각이 사라지며, 굶주림과 갈증이 찾아온다. 때때로 발 밑에는 이

미 이전에 같은 자리에서 죽은 사람의 뼈가 남아있기도 하다.

자루 형벌은 죄인에게 상징과 의식을 부여했고, 코끼리 처형은 권력을 시연했다.

하지만 우블리엣은 다르다. 우블리엣은 어떠한 의식도, 상징도 없으며 처형을 구경하는 관중도 없다. 관중들에게 공포를 각인시켜줄 필요도, 정의를 증명할 필요도 없었다.

도대체 왜 이런 방식을 사용했고
왜 이런 방식이 필요했을까?

∧∨∧∨∧

키홀링이 몸에 직접적으로 고통을 가하는 형태였다면, 우블리엣은 보이지 않게 사라지게 한다. 죄인이 세상에 존재한다는 사실 자체를 지우는 것이다. 평범한 범죄자라면 공개 처형만으로도 충분했을지 모른다. 그런데 우블리엣은 완전히 반대 방향으로, 군중에게 보여주지도 않고, 기록도 남기지 않아 서서히 사라지게 만든다.

우블리엣은 단순한 일반적인 범죄를 처벌하기 위한 형벌이라기보다는, 정치적인 이유에서 이 형벌이 사용되는 이유에 가까웠을 것이다. 권력을 쥐고 있는 사람에게 무서운 상대는 칼을 쥔 범죄자가 아닌, 이야기를 만들어낼 수 있는 사람이다. 누군가가 공개 처형으로 죽으면, 억울한 희생자나 영웅으로 추앙될 수도 있다. 그렇게 죽음은 의미를 갖고 상징을 가진다.

하지만 누군가가 공개적으로 처형된 것이 아닌 그 자체가 사라지게 된다면, 이야기는 힘을 잃게 된다. 권력자가 처형했다는 소문은 나겠지만, 그 소문에서 결론은 없을 것이다. 그래서 권력자는 공개 처형 대신, 우블리엣이라는 형벌을 통해 반대자를 막고 싶었을 것이다. 그래서 우블리엣은 일반적인 죄인을 벌하는 처벌이라기보다는, 정치적으로 불편한 존재를 처리하는, 정치적 숙청 방식에 더 가까웠을 것이다.

05

놋쇠 황소

비명이 음악이 될 때

이 장치는 사람의 고통을 단순한 죽음이 아니라 연출된 소리와 장면으로 바꾸어, 폭력에 기묘한 미학을 덧씌우려는 욕망을 드러낸다.

기원전 6세기 고대 그리스, 시칠리아 섬의 도시 국가 아크라가스에서 당신은 오늘 처형이 예정되어 있다. 집행관들은 손발이 묶인 당신을 끌고 광장 한가운데로 데리고 간다.

　사람들은 이미 원을 만들어 광장 한가운데를 비워두고 있었다. 그리고 광장 한가운데 도착한 당신을 맞아주는 것은, 일반적인 처형 도구가 아닌, 난생 처음 보는 구조물이다. 놋쇠로 만들어진 거대한 황소가 빛을 내며 자리하고 있다.

　목덜미의 주름, 뿔의 각도, 모든 디테일이 완벽해 보이는 조각상이었다. 하지만 황소를 지켜보는 사람들의 표정은 무섭게도 차가웠다. 당신은 바로 옆에서 관중들이 하는 얘기를 듣는다.

　"저 안에 사람을 넣는대"

　'내가 저 안에 들어간다고?'

　그제서야 당신은 황소 옆구리에 작은 문이 있다는 것을 알아차린다. 그리고 그 황소가 당신을 처형할 도구라는 것도 말이다. 집행관 중 하나가 반짝이는 그 문을 열었다. 황소의 속은 사람 하나가 넉넉히 들어갈 정도의 공간이 있었다.

　집행관들이 당신을 들어올려 황소 안으로 밀어 넣는다. 당신을 밀어 넣은 집행관들은 황소의 문을 다시 닫는다. 관중들이 보는, 밖에서 보이는 황소는 아무 일 없던 것처럼 반짝이고 있다.

　이윽고 황소의 아래에서 집행관들이 불을 지피기 시작한다. 당신은 차가웠던 황소의 바닥이 점점 따뜻해지고 있다는 것을 느끼기 시작한다. 그리고는 이내 엄청난 열기가 황소 안을 덮치기 시작한다.

또한 뜨거워진 바닥을 밟을수록 발은 뜨거운 화상을 입기 시작한다. 고통을 참지 못하는 당신은 뜨겁다고 비명을 지르지만 핵심은 그 다음이었다. 당신이 지른 비명은 황소의 콧구멍을 통해 피리와 같은 소리로 밖으로 흘러나오기 시작한다. 마치 황소가 울부짖는 것 같은 소리가 들리기 시작한다.

처형을 지켜보던 군중들은 이 소리가 당신이 내는 비명소리라는 것을 알아차린다. 황소를 태우는 불은 황소를 집어삼킬듯 커지고, 얼마 후 황소의 울음 소리가 이내 줄어들면 그렇게 당신의 형벌이 마무리 된다.

이 형벌은 놋쇠 황소라고 불리는 형벌로 기원전 그리스 시대에서 전해 내려오는 형벌이다. 그런데 놋쇠 황소는 실재했을까? 솔직히 말하면 사실 고고학자들은 지금까지 놋쇠 황소의 실물을 한

번도 발견한 적이 없고, 놋쇠 황소는 고대 미술 작품에 묘사된 적도 없다.

놋쇠 황소에 관한 이야기 중 가장 대표적으로 전해내려오는 이야기에 따르면, 기원전 1세기에 역사가 디오도르 시쿨루스에 의해 작성된 역사총서에서, 팔라리스라는 왕에게 페릴레오스라는 세공사가 놋쇠로 만들어진 황소를 바쳤다고 한다.

페릴레오스는 이 황소를 가지고 형벌에 사용하라며 이렇게 설명했다. 죄인을 황소 안에 넣고 아래에서 불을 지피면 청동이 달궈지면서 사람이 산 채로 타 죽는다. 그리고 황소의 콧구멍 안에는 피리가 장치되어 있어 죄인이 황소 안에서 지르는 비명이 관을 타고 밖으로 나오면 황소의 울음소리처럼 들린다고 설명했다.

페릴레오스의 설명을 들은 팔라리스는 페릴레오스에게 직접 안으로 들어가 시범을 보이라고 했다. 결국 페릴레오스는 자기가 만든 황소 안에 들어갔고, 밖에서는 불을 지폈다. 발명가가 자신의 발명품의 첫 번째 희생자가 된 것이다.

다만 페릴레오스는 팔라리스가 죽기 직전에 꺼내주어 목숨은 건질 수 있었지만, 이내 절벽에서 밀어 떨어져 죽었다고 전해진다. 그리고 팔라리스 자신도 자신의 정권이 무너진 뒤, 이 황소 속에서 최후를 맞이했다고 전해진다.

놋쇠 황소 형벌의 이야기가 2,600년 동안 살아남을 수 있었던

이유가 무엇일까? 하버드 대학 게르만어문학과 존 T. 해밀턴 교수는 논문 「팔라리스의 황소: 고문에서 태어난 음악The Bull of Phalaris: The Birth of Music out of Torture」에서 이 이야기를 단순한 처형 장치가 아니라 '고통과 음악의 관계'라는 더 큰 틀에서 분석했다. 해밀턴에 따르면, 놋쇠 황소의 핵심은 죽이는 것이 아니라 소리를 변환하는 것이었다. 비명을 음악으로, 고통을 미학으로, 인간의 소리를 짐승의 소리로 바꾸는 것이다.

자루 형벌은 절차와 의식으로 잔혹함을 정의로 포장하고, 우블리엣은 아예 시야에서 치워버려 문제를 해결했다면, 놋쇠 황소는 여기서 한단계 더 나아갔다. 형벌이라는 잔혹함에 미학을 입힌 것이다. 고통을 아름다움으로 변환할 수 있다고 믿은 것이다.

놋쇠 황소의 설계에는 기능적으로 불필요한 요소가 가득하다.

사람을 불로 처형하는 것이 목적이라면, 그냥 청동 구조물 안에 넣고 불을 지피면 끝이다. 하지만 페릴레오스는 커다란 황소를 본떠 시각적으로 돋보이게 만들었고, 비명이 황소의 울음소리로 변하도록 콧구멍에 피리 관을 설치했다.

이것은 죄인의 단순한 죽음이 아니라 공연이었다. 처형이 아닌 작품이었던 것이다. 놀라운 점은 고대 그리스뿐만 아니라, 오늘날에도 비슷한 사례가 발견된다. 해밀턴은 이 논문에 군사 작전에서 음악이 심문과 고문의 도구로 사용된 사례를 함께 다룬다. 해밀턴의 논문에 따르면, 미군이 이슬람 수금자들에게 금지된 세속 음악이나 헤비메탈을 고문 도구로 사용해 심문했다고 전해진다.

방향만 다를 뿐 원리는 같다. 미학의 형식을 빌린다. 이슬람 수금자들이 느끼는 것은 고통이지만, 미군들에게는 그저 즐길 수 있는 음악으로 들린다. 놋쇠 황소의 이야기가 진짜로 존재했던 형벌이었건, 전설로 내려오는 이야기였건, 인간이 고통을 대하는 가장 불편한 방식을 정확하게 짚고 있었기 때문에 지금까지 이어져 올 수 있었다.

06

보트 형벌

살아남을수록 죽는 몸

이 형벌은 인간을 죽이기보다 살려 두는 쪽을 택함으로써, 생존 본능 자체가 더 오래 지속되는 고문의 조건이 되게 만들었다.

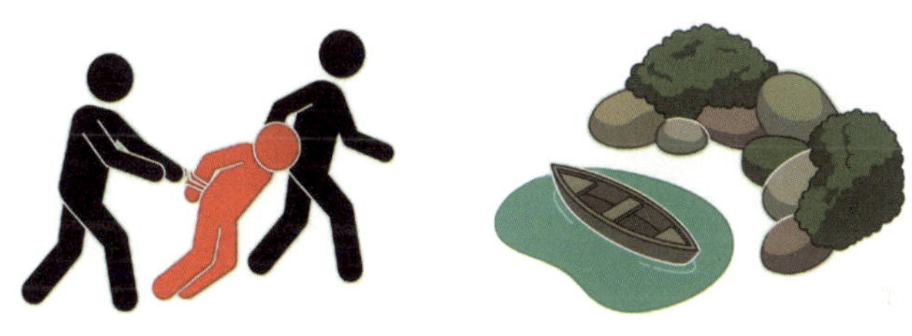

　고대 페르시아, 기원전 5세기경에 범죄를 저지른 당신은 처형 위기에 처해있다. 하지만 집행관들은 당신을 교수대에 올리지 않고, 물이 있는 장소로 데려가기 시작한다. 이끼가 잔뜩 긴 호수에 도착한 당신과 집행관들은 당신에게 둥둥 떠있는 보트에 타라고 지시한다.

　사람 한명이 누우면 간신히 찰 정도의 작은 나무 보트에 말이다. 집행관들의 지시에 따라 나무 보트에 대자로 누운 당신 위로 나무 보트를 하나 더 얹는다.

당신 아래에 하나, 위에 하나. 두개의 속이 빈 나무 보트가 당신을 샌드위치처럼 감싼다. 집행관들은 손과 발 그리고 얼굴을 보트 밖으로 꺼내고, 몸통만 보트 안에 있는 채로 밧줄 등으로 고정시킨다. 그 다음 튀어나온 당신의 얼굴과 사지에 꿀을 바르기 시작한다. 코가 멍해질 듯한 달콤한 냄새가 퍼지기 시작한다. 집행관들이 꿀물과 우유를 가져온다. 그리고는 당신의 입을 벌려 꿀물과 우유를 먹이기 시작한다. 당신이 싫다고 해도 먹이고, 더 이상 못 먹겠다고 토해도 끝까지 입 속으로 집어넣는다. 배가 터지기 직전만큼 꿀물과 우유를 먹은 당신을 보고 진행관들은 흡족해하며 늪지대, 혹은 호수 등으로 배를 띄운다.

시간이 얼마나 지났을까, 강렬한 햇빛으로 인해 눈은 제대로 뜰 수가 없고 온 몸에 발라진 찐득한 꿀 때문에 찝찝한 느낌이 든다. 그런데 귀에서 윙윙 거리는 소리가 들리기 시작하더니, 파리 한 마리가 당신의 얼굴에 앉았다. 처음엔 하나, 둘. 그리고 곧 수십 마리가 얼굴 위로, 눈 위로, 코와 입 위로 앉기 시작한다. 쫓아내려 해도 손은 묶여있으며, 고개를 흔들어봐도 날아간 파리들은 다시 돌아온다. 극심한 간지러움을 버텨내야 하지만 이것이 제일 약한 고통일 것이다.

PART 1

파리들과 각종 벌레들은 달콤한 당신의 얼굴 위에 알을 낳기 시작한다. 하루가 지나면, 집행관들은 당신의 보트를 다시 끌고 온다. 그리고 당신의 얼굴 위에 꿀을 다시 덧바르기 시작한다. 그리고 꿀물과 우유를 토할때까지 다시 먹이고, 뜨거운 태양 아래 방치해 두고 사라진다. 벌레들은 다시 몰려와 알을 까기 시작하고, 피부를 갉아먹기 시작한다. 꿀물과 우유를 먹은 당신은 설사를 하고, 나무 보트 내부는 벌레, 배설물, 꿀, 모든게 섞이며 끔찍한 악취가 나기 시작한다. 하지만 그 냄새로 인해 더 많은 벌레들이 모이고, 배설물 속에서 구더기가 생겨나며 그것들이 당신의 온 몸을 갉아 먹기 시작한다. 그리고 아침이 되면 집행관들은 꿀을 덧바르며 또 다시 꿀물과 우유를 먹인다.

이 모든 루틴은 당신의 몸이 썩어 문드러져 죽을 때까지 지속된다.

스카피즘. 고대 그리스어 σκάφη ^{skáphe}에서 왔다고 알려져 있으

며 뜻은 배를 뜻한다. 배를 쓰는 처형이라는 말 그대로, 이 형벌은 고대 페르시아 기원전 5세기경 시행됐다고 알려져있다.

두개의 나무 보트 혹은 움푹 파인 빈 나무 사이에 사람을 가두고, 얼굴, 손, 발을 밖에 빼낸 채 꿀과 우유를 죄인에게 강제로 먹인다. 또한 온몸에 바른 뒤, 뜨거운 햇빛 아래 방치하고 달콤한 냄새로 인해 벌레가 몰려들며, 알을 까며 구더기는 죄인의 피부부터 내장까지 파 먹어 들어가는 끔찍한 방식.

하지만 이 형벌의 대한 역사적인 기록과 사례 등은 남아있지 않으며, 이 형벌 또한 전설로 내려져 오는 형벌로 알려져 있다. 고대 기록중에서는 하나가 남겨져 있으며 기원후 1~2세기에 그리스 철학자 플루타르코스가 쓴 「영웅전」에서는, 기원전 5세기 궁정 주치의로 근무했던 크테시아스의 기록을 참고한 기록이 남아있다고 전해진다. 기록에 의하면 미트리다테스라는 인물이 보트 형벌을 받게 됐고, 위에 설명한 형벌의 방식을 무려 17일이나 받고 온몸이 썩은 채 사망했다고 전해진다. 십자가형이나 말뚝 처형은 기록에 존재했지만, 보트 형벌은 존재하지 않으며 고고학적 증거도 없다.

보트 형벌은 이론적으로 불가능해보이기도 하지만, 법곤충학에 따르면, 파리류는 시체나 상처 부위에 10분 이내에 알을 낳을 수 있다고 알려져 있다. 그리고 우유와 꿀을 강제로 먹이면 장내

발효를 촉진해 심각한 설사가 유발된다.

설사는 탈수를 부르고, 탈수는 죽음을 부른다. 그러나 설명된 방식에 따라 매일 억지로 먹이게 되면 그 죽음을 미룰 수 있다. 다만 17일을 생존 후 사망했다는 기록은 다소 과장에 가깝다. 탈수, 부패, 패혈증, 설사 등이 동시에 진행될 경우 사실상 며칠 안에 사망할 가능성이 높기 때문이다. 보트 형벌이 실제로 있었든, 없었든 이 끔찍한 이야기는 수천 년 동안 살아남았다.

이 끔찍한 이야기가 살아남을 수 있었던 이유, 즉 고대 페르시아인들은 이 형벌을 도대체 왜 만들었을까? 키홀링이 공간의 특수성을 이용한 처형이고, 놋쇠 황소가 죽음을 미학적으로 만든 처형이었다면 보트 형벌은 인간의 생존 본능을 고통의 도구로 역이용하는 악랄한 역설이다.

집행관들은 죄인의 몸에 직접 칼날을 들이밀지 않는다. 그들은

당시 인류에게 가장 자비롭고 풍요로운 상징인 우유와 꿀을, 죄인을 부패시키고 죽음에 이르게 하는 도구로 비틀어버린다. 극도의 굶주림과 갈증이라는 생리적 본능 때문에 억지로 삼켜야만 하는, 혹은 먹기를 거부해도 집행관들이 강제로 쑤셔 넣은 꿀과 우유는 장내를 자극하는 고통이 되지만 생명을 연장시킨다. 그리고 어쩔 수 없이 배출해야 하는 배설물은 죄인의 몸을 갉아먹을 구더기 떼를 만들게 된다.

억지로라도 어떻게든 살아남으려는 인간의 본능적인 생존 시스템 때문에, 오히려 죄인은 더 오래 살아남으며 더 끔찍하게 고문당한다는 것을 의미한다.

보트 형벌은 인간의 가장 깊은 본능인 생존 본능에 초점을 맞춘 형벌로, 수천 년 동안 사람들의 이야기 속에 살아남았다.

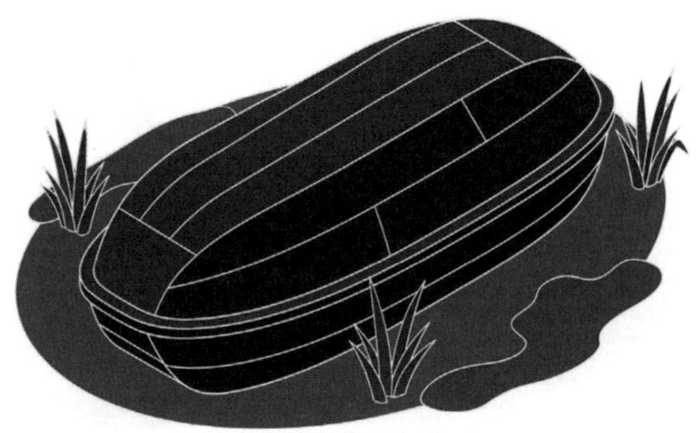

이 장에서 본 형벌들은 서로 방식은 달랐지만, 공통점은 분명했다. 권력은 죄인을 단순히 없애는 데서 멈추지 않았다. 그의 몸을 공포의 표지판으로 만들고, 그 고통을 구경하게 하고, 그 장면을 통해 살아 있는 사람들의 행동까지 통제하려 했다. 형벌은 한 사람의 육체를 향해 집행되지만, 그 목적은 언제나 그 자리에 없는 더 많은 사람들에게 닿아 있었다.

문제는 여기서 끝나지 않는다. 몸에 직접 가해지는 고통은 눈앞에서 끝나지만, 인간을 통제하려는 욕망은 거기서 멈추지 않기 때문이다. 권력은 곧 더 오래 지속되는 방식, 더 안정적으로 관리되는 방식, 사람을 죽이지 않고도 복종시키는 방식을 찾기 시작한다.

그 결과 탄생한 것이 감옥이다. 형벌이 한 사람의 몸을 다루는 장치였다면, 감옥은 인간의 시간과 공간 전체를 다루는 장치였다.

감옥

통제와 역설

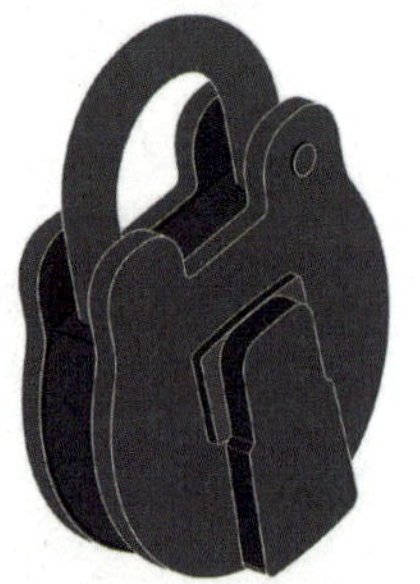

인간을 망가뜨리는 데 필요한 최소 조건은 무엇일까. 높은 벽일까, 좁은 방일까, 끊이지 않는 감시일까, 아니면 반대로 아무도 통제하지 않는 방치일까.

감옥은 범죄자를 사회에서 격리하기 위해 만들어졌지만, 실제로는 훨씬 더 많은 것을 시험해 온 장소다.

통제가 어디까지 가능해지는지, 질서가 무너지면 무엇이 그 자리를 대신하는지, 인간을 오래 가뒀을 때 마지막까지 남는 것이 무엇인지.

이 장에서 보게 될 감옥들은 단순히 범죄자를 가두는 시설이 아니다.

그것들은 통제가 어디까지 인간을 바꿀 수 있는지, 그리고 국가가 인간을 어떤 방식으로 다루려 했는지를 보여주는 기록이다.

01

블랙돌핀 교도소

눈을 가린 건축물

이곳의 통제는 몸만 가두는 데서 끝나지 않는다. 방향감각과 공간 인식 자체를 끊어내, 탈출은 물론 상상할 수 있는 여지까지 지워버린다.

당신이 설계자라면, 당신에게 임무가 하나 주어졌다고 상상해보자.

러시아 전역에서 가장 위험한 인간 수백 명을 한 건물에 가둬 넣어야 한다. 연쇄살인범, 식인범, 테러리스트, 아동 성범죄자 등. 이들이 저지른 살인만 합산해도 수천 건에 달한다고 알려져 있다. 이 건물에서 단 한 명도 탈출해서는 안 되고, 단 한 건의 폭동도 일어나서는 안 된다. 그리고 이들을 죽을 때까지 이 건물에 가둬 넣어야 한다.

당신이라면 어떻게 건물을 설계하겠는가? 콘크리트로 만들어진 높고 두꺼운 벽? 건물을 감싸는 엄청난 철조망? 감시탑에서 건물을 지키고 있는 무장 경비들?

하지만 이것들은 기본적인 물리적 장치일 뿐, 세계에서 가장 위험한 인간들을 상대로 벽과 철조망만으로는 충분하지 않다. 그래서 블랙돌핀의 설계자들은 교도소의 상식을 벗어난, 극단적인 규칙을 도입했다. 수감자가 방 밖으로 나올 때는 반드시 눈을 가리고, 허리를 앞으로 굽힌 채 교도관의 손에 끌려가야 한다.

24시간 내내 불이 꺼지지 않는 방에서 생활해야 하며, 잠을 잘 때도 얼굴을 덮을 수 없고, 15분마다 교도관의 감시를 받는다.

이곳은 단순히 사람을 가두는 곳이 아니다. 인간의 숨통을 조이는 가장 완벽하고 숨 막히는 지옥이다.

공식 이름은 러시아 연방형사집행국 오렌부르크주 교정시설 6호 **Penal Colony No. 6**. 별명 '블랙돌핀'은 정문 앞에 세워진 검은 돌고래 조각상에서 유래했다. 수감자들이 직접 깎아 돌고래 모양의 조각

상을 만들었다고 전해지는데, 넓은 대양을 자유롭게 헤엄치는, 자유를 상징하는 동물을 자유를 영원히 잃어버린 사람들이 만들었다는 아이러니로 유명하다.

교도소는 러시아 오렌부르크주의 솔일레츠크라는 작은 도시에 있다. 모스크바에서 동쪽으로 약 1,500킬로미터로 가면 카자흐스탄 국경과 만나는데 그 국경 인근에 위치해있다. 끝없이 펼쳐진 스텝 지대 한가운데, 가장 가까운 도시까지도 상당한 거리가 있는 고립된 장소다.

이 감옥의 역사는 18세기까지 거슬러 올라간다. 18세기부터 강제노동 수용소로 시작된 이 교도소는, 소련 시대 정치범 수용소로 쓰이다가 2000년대 초 사형 중단 후 종신형 전용 '특별체제 시설'로 재지정됐다.

가장 위험한 종신형을 받은 범죄자만을 수용하는 곳이 된 것이다. 다수의 살인, 아동 대상 범죄, 테러 행위 등 가장 극단적인 범죄를 저지른 이들만 이곳에 온다.

블랙돌핀 교도소는 약 700여 명의 수감자들과 그들을 관리하는 900여 명의 교도관들이 함께 생활하는데, 수감자들보다 교도관 수가 더 많다는 것이 매체를 통해 알려지면서 교도소가 얼마나 삼엄한지 유추할 수 있다.

죄수의 하루

아침 6시, 이곳의 아침은 해가 떠서 시작되는 게 아니다. 먼저 들리는 것은 철제 문이 여닫히는 소리, 그리고 문 밖에서 교도관의 날카로운 명령이 울리며 아침이 시작된다. 어제도, 오늘도, 내일도 매일 같은 소리를 듣는다.

차가운 콘크리트 벽과 바닥, 삐걱거리는 낡은 침대. 교도소는 밤새 불이 꺼지지 않았기 때문에, 머리가 멍한채로 일어난다. 기상 후 이곳에서의 일과는 취침 전까지 감방 안에서 왔다 갔다 제한적으로 움직이는 게 전부다.

교도관이 15분마다 반복하여 감시하고 있기 때문에 마음대로 침대에 앉을 수도, 누울 수도 없다. 살짝이라도 기대거나 주저앉으면 교도관의 즉시 경고한다.

아무 의미 없는 오전 시간이 지나면, 슬슬 배고파지기 시작한다. 교도관의 발소리가 다가오고 문 투입구로 한 그릇의 수프와 딱딱하게 말라버린 빵이 제공된다. 식사는 배를 채우는 시간이라기보다, 같은 공간에서 같은 자세로 또 한 번 시간을 넘기는 절차에 가깝다.

블랙돌핀 교도소에서는 죄수들이 식당으로 이동해 식사하는 게 아닌, 감방 안에서 간수들에 의해 제공되는 식사를 그 자리에서 먹는 것으로 알려져 있다. 그래서 아침이 시작돼도 풍경이 크게 바뀌지 않는다. 먹는 장소와 버티는 장소가 같고, 쉬는 장소도 같다.

한 공간에서 시간만 계속 바뀔 뿐이다. 밥이 맛있는지 아닌지는 중요하지 않다. 그냥 살기 위해서 최소한의 영양소를 섭취하는 것뿐이다. 낮에는 잠깐의 운동 시간이 주어진다. 하지만 그 운동시간이 자유를 뜻하는 것은 아니다.

운동장 등 다른 장소로 이동해야 하는 상황에서 블랙돌핀 교도소의 큰 특징

중 하나가 나온다. 죄수들은 손을 뒤로해 수갑이 채워지고, 눈에는 안대가 씌워져 주변을 볼 수 없고, 몸은 앞으로 굽혀 숙인 채 발걸음을 옮길 때마다 균형을 잃을 것 같은 자세로 교도관의 안내에 따라 끌려간다. 이동하는 중엔 내가 어디를 지나치고 있는지, 이곳이 복도인지 아니면 다른 공간인지, 건물의 벽은 어떤 소재로 되어있는지, 건물의 구조는 어떻게 생겼는지에 대해 알 수가 없다. 공개된 설명들에는 운동장도 넓은 마당에서 운동을 시켜주는 것이 아닌, 철창으로 둘러싸인 구획에서 이루어지며, 운동도 걷는 것이 전부라는 묘사가 반복된다.

짧은 운동 시간이 끝나게 되면 다시 수갑으로 손이 뒤로 묶이고, 검은 천을 뒤집어 쓴 채, 몸은 앞으로 굽혀 교도관의 안내를 따라 이동한다. 하루 종일 크게 한 일이 없어 보여도, 교도관의 지속적인 감시와 통제는 정신적인 피로를 남긴다. 몸은 피곤하지만 정신은 극도의 긴장상태를 유지하게 된다.

취침시간이 되어도 편하게 잠을 잘 수가 없다. 24시간 내내 전등에서는 밝은 빛이 쏘아 내리지만, 담요 등으로 얼굴을 덮을 수 없다. 교도관은 언제든지 얼굴을 즉시 확인 할 수 있어야 하기 위함이다. 취침할 때도 머리를 철문 쪽으로 돌리고 취침해야 하는 이유도 이와 같다.

아침부터 밤까지, 내일도, 모레도, 1년 뒤에도, 10년 뒤에도 같은 하루가 반

복된다. 종신형이란 그런 뜻이다.

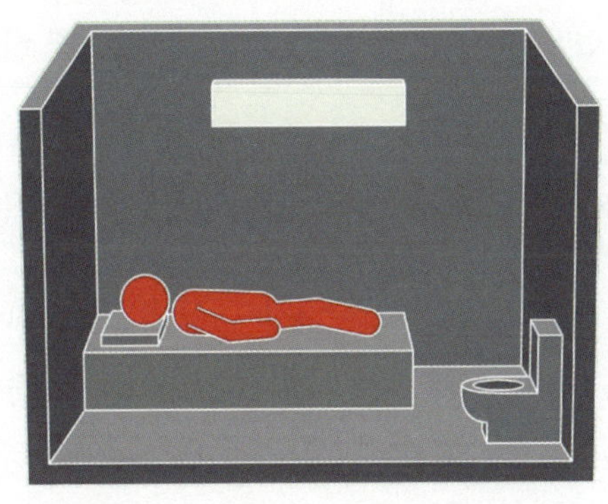

블랙돌핀 교도소는 왜 이렇게 설계한 것일까?

∧∨∧∨∧

블랙돌핀의 설계자들은 범죄자의 육체를 가두는 것만으로는

완벽한 보안을 달성할 수 없다는 것을 알고 있었다.

인간의 뇌는 아무리 두꺼운 철창 안에 갇혀 있어도, 교도관의

발소리, 복도의 방향, 문이 열리고 닫히는 간격 등을 계산해 탈출

을 위한 지도를 그리기 때문이다. 그래서 교도소의 설계는 벽의 두

께만 높이는 방식에 머물지 않고, 더 나아가 수감자가 시설의 구조

를 일관되게 파악하기 어렵게 만드는 방향으로 나아갔다. 이동 시 안대를 씌우고 자세를 통제하는 방식은 단순한 기강 유지 차원을 넘어선다. 이는 시각 정보와 균형 감각을 통해 내부 구조를 파악하는 것을 어렵게 만든다. 건물의 구조를 모르는데 탈출을 계획할 수는 없다.

이렇게 설계된 교도소는 범죄자를 교화시키거나 변화시킨다기보다, 먼저 위험 변수를 줄이고 최대한 통제하는 방향으로 작동한다. 여기서 설계자의 딜레마가 시작된다. 초고위험 수용시설은 안전을 최우선으로 삼을수록, 각종 위험 변수를 줄여야 하고, 위험 변수를 줄일수록 교도소의 시스템은 안정된다. 이 선택은 현장에서는 매우 합리적이다. 긴급 상황이나 사고 가능성은 낮아지며, 일관된 시스템으로 시설은 더 잘 굴러간다. 하지만 문제는 감옥의 성격 자체가 바뀔 수 있다는 점이다.

감옥이 사람을 다루는 제도라기보다, 위험을 오래도록 관리하는 시스템에 가까워지는 것이다. 통제는 원래 교도소의 핵심 기능이다. 특히 블랙돌핀 교도소 같은 매우 위험한 교도소라면 더 그렇다. 여기서 말하는 건 흉악범의 교정 가능성이 아니다. 블랙돌핀에서 통제가 최우선인 것은 당연한 전제다.

이곳에 수감된 이들은 연쇄살인범과 테러리스트들이다. 이들이 저지른 일의 끔찍함은 어떤 분석으로도 가벼워지지 않는다. 실제로 블랙돌핀 교도소에서 근무한 교도관 중 일부가 수감자들에게 동정심을 느낀 적이 없다고 말한 바가 있다는 점도, 쉽게 이상하다고만 말하기 어렵다. 하지만 블랙돌핀의 그 통제가 너무 절대적인 기준이 되면서, 감옥을 평가하는 기준이 사실상 '사고가 없었는가' 하나로 좁혀지기 쉽다는 점이다. 그 결과 감옥의 목적을 설명하는 언어도 점차 보안과 운영 중심으로 바뀐다.

블랙돌핀이 보여주는 인류학적 오점은 바로 여기에 있다. 가장 위험한 범죄자를 통제하기 위해 필요한 설계를 극단적으로 밀어붙인 결과, 감옥은 점점 사람을 다루고 죗값을 치르게 하는 본연의 제도가 아니라 '위험을 장기적으로 관리하는 장치'로 성격이 굳어져 버렸다.

설계자는 통제라는 문제를 완벽히 해결했지만, 그 압도적인 해결 방식이 오히려 교정 제도 자체의 목적을 좁혀버리는 모순을 낳은 것이다.

감옥 – 통제와 역설

빅 타이거 교도소

사람이 감옥이 되는 곳

이곳에서는 벽보다 밀도가 더 큰 공포를 만든다. 너무 많은 몸이 한곳에 몰릴 때, 인간은 서로를 가두는 환경 그 자체가 된다.

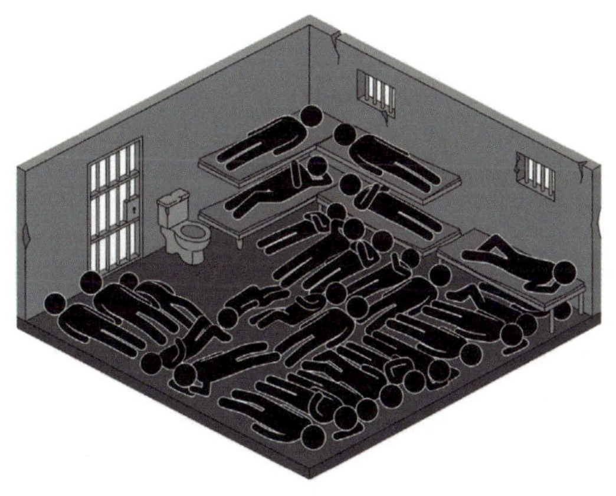

당신이 설계자라면, 이번에는 조건이 다르다. 앞 챕터에서 우리는 수백 명의 종신수를 한 건물에 넣어야 했다. 이번에는 수천 명이다. 그것도 건물의 크기는 그대로인 채로. 약 10평에서 12평 정도 되는 방을 떠올려 보자. 이 방에 4~50명을 넣어야 한다. 침대는 없다. 옆으로 누우면 옆사람의 어깨가 닿고, 다리가 겹치며, 숨소리가 바로 옆에서 느껴진다. 어쩌다 잠꼬대로 뒤척이다간 서로 시비가 붙을 수 있다. 그래서 밤새 웅크린 채 꼼짝할 수가 없다.

이것이 방콕 외곽, 짜오프라야 강변에 있는 방광 중앙 교도소 **Bang Kwang Central Prison**의 밤 풍경이다. 별명은 '빅 타이거'. 블랙돌핀 교도소는 매우 정교한 시스템으로 모든 것을 통제한다. 빅 타이거는 정반대다. 통제할 수가 없다. 빅 타이거의 설계자는 아무것도 설계하지 않았다. 그리고 그 설계의 부재 자체가 공포가 되었다. 이 감옥에서는 모든 것이 너무 가깝다. 벽이 아니라, 바로 옆에 누운 인간이 감옥이다.

빅 타이거는 수도 한복판에서 버젓이 존재한다. 방콕 도심에서 북쪽으로 불과 약 11킬로미터 떨어진 곳이다. 이 교도소는 외딴 곳에 숨어 있는 감옥이 아니다. 도시 한가운데, 수많은 사람들이 매일 지나다니는 바로 그 곳에 수천 명의 사람이 갇혀 있다.

빅 타이거를 이해하려면 태국의 마약 정책을 먼저 이해해야 한다. 태국 형법은 마약 범죄에 유달리 가혹하다. 단순히 갖고만 있어도 중형을 받을 수 있고, 밀수에는 종신형이나 사형까지 선고될 수 있다. 태국 당국이 마약 유통을 일종의 대량 피해 행위로 취급하기 때문이다. 한 건의 밀수가 수많은 사람의 삶을 무너뜨릴 수 있다는 논리였다.

이 논리 자체는 나름의 설득력이 있다. 문제는 결과다. 이 정책 때문에 태국 전체 수감자의 상당수가 마약 관련 범죄로 복역 중인 것으로 알려져 있다. 수감 인원은 계속 늘어나는데 교도소는 그대로이니, 감옥이 터져나가기 시작한 것이다.

방콕 중앙 교도소는 1930년대 전후로 완공된 것으로 알려져 있다. 원래는 중형 이상의 수감자와 사형 대기자를 위해 설계된 시설이다. 처음 설계했을 때 예상한 수용 인원은 몇천 명 수준이었을 텐데, 2000년대 초반 과밀이 최고조에 달했을 때는 그 두 배에 가까운 인원이 쏟아져 들어왔다는 보고가 전해진다.

수감 대상은 장기 수형자, 종신수, 사형수 등으로 매우 안좋은 죄질을 가진 범죄자들이 수감된다. 태국에서 남성 사형이 집행되는 시설 중 하나이기도 하다. 외국인 수감자도 적지 않다고 알려져 있으며, 대부분 마약 관련 범죄로 체포된 이들이다. 별명 '빅 타이

감옥 - 통제와 역설

거'는 이 교도소에서 복역한 경험이 있는 전직 수감자의 수기에서 유래했다고 알려져 있다.

호주 출신 전직 수감자 워런 펠로우스의 수기 〈The Damage Done〉에 따르면 이 교도소에서 겪었던 일들을 묘사했는데, 대부분 태국인들이 감옥을 '사람을 집어삼키는 호랑이'에 비유했다고 전해진다. 빅 타이거에 입소하게 되면 가장 먼저 느껴지는 건 발목의 무게다. 족쇄라는 무거운 쇠붙이가 먼저 채워지기 때문이다.

주간에 깨 있을 때도, 야간에 자고 있을 때도, 밥을 먹을 때도, 노역을 할 때도, 씻을 때도 발목의 족쇄는 풀리지 않는다.

새 수감자에게 채워지는 이 족쇄는 최소 3개월 동안 차고 있어야 한다. 이유는 보안 유지를 목적으로 탈출이나 싸움 등, 긴급 상황을 방지하기 위해서였다. 하지만 2013년을 전후해, 태국 정부의 인권 문제를 언급하며, 교도소 내부는 족쇄 운용이 완화 및 축소

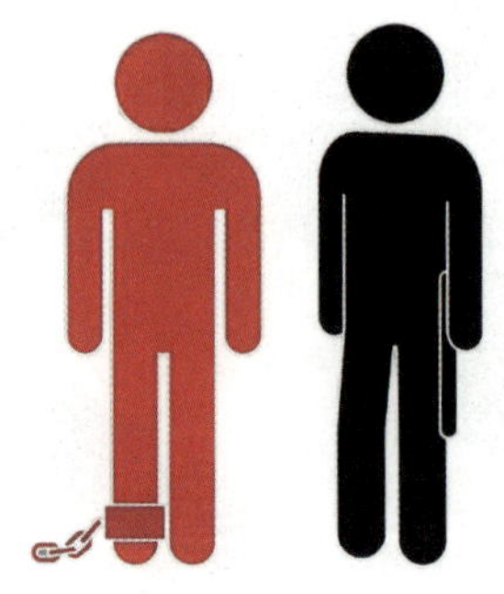

되기 시작했고, 일부 수감자 대상 해제 조치가 시행되었다.

그 전까지 사형을 선고받은 사형수에게는 단기간 착용하는 족쇄가 아닌, 사형이 집행되거나 감형이 확정되기 전까지는 영구적인 족쇄를 착용했다고 알려져 있다.

죄수의 하루

빅 타이거에서의 아침이 시작된다. 작은 방에서 4~50명이 부대끼는 초고밀도의 공간에서의 생활은 벌써부터 답답해진다. 어디서 나는지 모르는 찌린내와 쿰쿰한 냄새는 코를 찌르며, 행동을 크게 할 수 없어 온 몸이 뻐근하다.

기본적으로 제공되는 식사는 밥 한 그릇과 국, 혹은 채소가 전부에 가깝다. 다른 음식을 먹고 싶다면 교도소 식당에서 직접 사먹어야 한다. 여기서 빅 타이거만의 독특한 구조가 드러난다.

'칫 시스템'이라 불리는 내부 체계가 존재한다. 워런 펠로우스의 수기 〈The Damage Done〉에서 이 시스템이 자세히 묘사되는데, 간단하게 말하면 돈이 있는 수감자나, 가족이 돈을 영치해 주는 경우에는 그 돈으로 더 나은 음식이나 생활용품을 구할 수 있다고 전해진다. 만약 돈이 없다면, 기본적으로 배급되는 음식을 통해 섭취할 수 있는 최소한의 영양으로만 버텨야 한다.

가끔씩 운동이나 노역을 진행하기도 하지만, 교도소의 한정된 크기와 극도로 밀집된 공간에서는 한정되기 때문에 하루의 대부분을 좁은 방 안에서 보낸다.

수천 명이 좁은 공간에 밀집해 있으니 질병은 쉽게 돌고, 방 전체가 앓기 시작하고 교도소 전체로 옮는다. 교도소 안의 의료 환경은 극히 제한적이어서, 기본적인 치료조차 받지 못할 수도 있다.

취침 시간이 되어도 편하게 누울 수 없다. 방콕의 열대 기후 속에서, 50명이 한 방에 누워야 한다. 환기가 거의 되지 않는 콘크리트 방 안에서, 50명분의 체온과 체취가 한데 섞인다.

모두가 예민하고, 뒤척이면 옆 사람과 부딪힌다. 다시 아침이 된다. 배고파도 밥과 국, 약간의 채소 뿐. 하루 종일 재소자들과 부대끼는 게 이 교도소의 전부였다.

빅 타이거는 왜 이렇게 설계한 것일까?

∧∨∧∨∧

블랙돌핀의 교도소는 아주 작은 디테일까지 모든 것을 계획한다. 죄수의 이동 경로, 감시 간격, 이동 시, 수감자의 자세까지. 하지만 빅 타이거 교도소는 다르다. 이 감옥의 공포는 설계자가 의도적으로 만든 것이 아니다.

마약과의 전쟁이라는 정책이 있었고, 그 정책이 엄청난 수의 수감자를 만들어냈으며, 그 수감자들이 감옥으로 흘러들어왔고, 감옥은 그 숫자를 감당할 수 없었다. 아무도 한 방에 이렇게 많은 수감자를 넣을 생각은 안했을 것이다.

빅 타이거는 설계 부재의 감옥이다. 감옥의 기본 전제는 국가가 수감자를 통제한다는 것이다. 간수가 질서를 유지하고, 규칙이 일상을 지배하고, 국가의 권력이 수감자의 삶을 결정한다. 그런데 수용 가능 인원을 훌쩍 넘어서버린 인원들이 교도소로 밀려 들어오게 되면, 교도소의 시스템은 마비되기 시작하고, 통제가 흐트러지며 이 전제가 조용히 무너진다.

간수 한 명이 수십 명의 수감자를 담당해야 하는 상황에서, 한 명 한 명의 세밀한 통제는 물리적으로 불가능하다. 그래서 무엇이 그 빈자리를 채우는가? 돈이다.

앞에서 말한 '칫 시스템'이 그저 단순하게 운영되는 방식이 아닌 이유가 여기 있다. 돈이 있는 수감자는 더 나은 영양소를 섭취하고, 더 나은 잠자리를 확보하고, 다른 수감자들에게 심부름을 시키는, 노동력까지 살 수 있다. 돈이 없는 수감자는 생존을 위해 누군가에게 복종해야 한다. 국가가 제공하지 못하는 것들, 충분한 음식, 기본적인 위생, 최소한의 안전을 돈이 대신 공급하는 구조가 만들어진 것이다.

감옥 안에 또 하나의 사회가 생겨난 셈이다. 바깥 세상보다 더 가혹한 규칙으로 작동하는 사회. 바깥에서는 돈이 없어도 당장 굶지는 않는다. 이 안에서는 돈이 없으면 진짜로 굶는다.

빅 타이거에 수감된 사람들의 상당수는 마약 범죄자이고, 중범

죄를 저지른 이들이 대부분이다. 이들이 저지른 일의 무게는 결코 가볍지 않다. 마약은 수많은 사람의 삶을 무너뜨리는 행위이고, 태국 정부가 이를 가혹하게 처벌하는 데에는 나름의 이유가 있다.

그런데 형벌의 목적이 무엇인지를 다시 떠올려보자. 형벌은 범죄를 억제하고, 범죄의 논리가 더 이상 작동하지 않는 환경을 만드는 것이어야 한다. 그렇다면 빅 타이거는 그 목적을 달성하고 있는가?

감옥 안에서 수감자의 생존은 돈에 달려 있다. 돈이 있으면 먹고, 없으면 굶는다. 돈이 있으면 안전한 자리를 차지하고, 없으면 누군가에게 복종해야 한다. 감옥 바깥에서 작동하던 '돈이 곧 생존'이라는 논리가 감옥 안에서 더 극단적인 형태로 작동하고 있는 것이다.

형벌이 범죄의 논리를 끊어야 한다면, 빅 타이거는 그 논리를 오히려 강화하고 있다.

　설계자는 범죄자를 사회에서 격리하려 했다. 격리 자체는 성공했다. 하지만 아무도 격리 이후를 설계하지 않았기 때문에, 감옥 안에서 바깥 세상의 구조가 그대로 재현되었다. 돈이 권력이 되고, 없는 자가 있는 자에게 종속되는 구조. 장소만 바뀌었을 뿐, 작동 원리는 같다.

　빅 타이거가 '밀도의 공포'인 이유가 여기에 있다.

　이 감옥의 공포는 시설이나 규칙에서 오지 않는다. 너무 많은 사람이 너무 좁은 공간에 있을 때, 사람 자체가 서로에게 공포가 된다는 사실에서 온다.

Warren Fellows, "The Damage Done" (2003)

— '빅 타이거' 별명 유래, chit system 증언

사우다드 바리오스

국가가 문밖으로 쫓겨난 감옥

격리를 위해 세운 감옥이 오히려 국가의 통제력이 닿지 않는 요새
가 되면서, 설계의 목적은 내부에서 완전히 뒤집혀 버렸다.

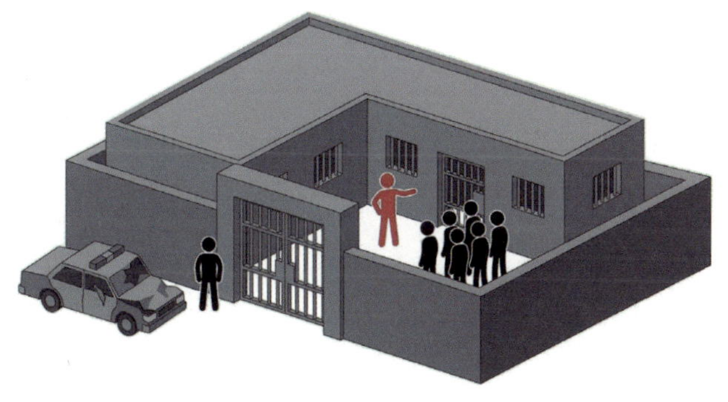

훅 - 당신이 설계자라면?

∧∨∧∨∧

교도소의 기본 전제는 단순하다. 문 안쪽에는 수감자가 있고,
문 바깥에는 국가가 있다. 교도관이 규칙을 집행하고, 수감자는 그

규칙 안에서 하루를 버틴다. 대부분의 감옥은 이 공식 위에서 작동한다. 그런데 당신이 설계해야 하는 이 감옥은 그 공식이 흔들리는 곳이다. 이번에는 완전히 다른 차원의 딜레마가 주어졌다. 수천 명의 흉악범을 한 공간에 가둬야 하지만, 당신에게 허락된 통제권은 오직 감옥 바깥의 담장뿐이라고 상상해 보자.

문 안쪽으로는 무장한 교도관도, 군인도 들어갈 수 없다. 그저 밖에서 문을 굳게 걸어 잠그고 외부로의 탈출만 막는 것이 임무의 전부다. 식사 배분, 분쟁 조정, 생활 질서, 내부 위계, 심지어 기본적인 돌봄까지도 국가가 아니라 수감자 집단이 실질적으로 처리한다면 어떨까.

사우다드 바리오스 교도소가 주는 공포는 차가운 시설, 잔혹한 시스템나 극단적인 규칙에서 먼저 오지 않는다. 높은 콘크리트 담장과 단단한 감시탑, 철제로 만들어진 교도소의 문은 분명 국가가 만든 시설이지만, 정작 문 안쪽의 내부의 일상, 질서는 국가가 만든 것이 아닌 듯 보인다.

사우다드 바리오스 교도소(통상 Ciudad Barrios Prison / Penal de Ciudad Barrios로 불린다)는 엘살바도르 산미겔주 시우다드 바리오스 지역에 위치한 교정시설로, 엘살바도르를 중심으로 활동하는 갱단인 MS-13의 인원들을 대규모로 수용한 공간으로 널리 알려져 있다.

보고에 따르면 특히 2000년대 초부터 2015년 중반까지는 거의 MS-13 전용 감옥처럼 운영됐다. 엘살바도르 정부가 갱단과의 싸움을 막기 위해 갱들마다 각각 다른 감옥에 넣는 정책을 펼쳤기 때문이다.

이 교도소가 자주 언급되는 이유는 단순히 위험한 범죄자들이 모여 있었기 때문만은 아니다. 국가가 교도소 안에서의 폭력을 줄이기 위해 택한 운영 방식이, 시간이 지나며 다른 종류의 통제 문제를 키운 사례로 많이 언급되기 때문이다.

실제 상황은 극심했다. 원래 설계 수용 인원은 약 800명이었으나, 2010년대 초반 기준으로 2,500명 가까이 수감됐고, 교도관 인력 부족과 안전 문제로 내부 깊숙한 구역에는 거의 진입하지 못했다. 이처럼 국가가 설립한 감옥이 국가의 통제 범위를 벗어난 공간으로 기능한 점이, 엘살바도르 교도소 시스템의 구조적 문제를 상징적으로 보여주는 사례로 꼽힌다.(Insight Crime, NBC News 등 다수 보도 참조)

죄수의 하루

육중한 철문이 닫히는 소리와 함께 당신이 이 감옥에 처음 발을 들이는 순간, 공간을 채우던 웅성거림이 일제히 멎는다. 수백 명의 시선이 일제히 당신에게 꽂힌다. 하지만 당신이 조직 내에서 아무런 배경도, 힘도 없는 신입이라는 것을 확인한 순간, 그 시선은 급격히 무관심해지고 서늘해진다.

숨을 들이켜면 역한 공기가 폐를 찌른다. 환기되지 않은 수천 명의 땀 냄새, 눅눅한 습기, 콘크리트 벽에 진득히 밴 정체불명의 음식 냄새 그리고 배관을 타고 올라오는 하수구의 악취가 섞여있다. 원래 800명을 수용해야 할 공간에 세 배에 가까운 2,500명 가까운 인원이 뒤엉켜 있어, 숨을 쉴 틈조차 허락되지 않는다. 이곳의 아침을 깨우는 것은 제복을 입은 교도관의 점호가 아니다.

얼굴 뼈를 따라 문신을 새긴 갱단 간부의 낮고 건조한 명령 하나면, 감방 전체가 일사분란하게 움직인다. 당신의 목숨을 쥐고 있는 것은 교도소의 시스템 아닌, 같은 수의를 입은 조직의 간부다. 이 거대한 갱단 전용 수용소에서 신입의 위치는 명확하다. 철저한 먹이사슬의 맨 밑바닥.

사우다드 바리오스는 겉보기엔 그럴싸하게 돌아간다. 식당, 제빵소, 의무실까지 모두 국가가 아닌 수감자들 스스로 운영하기 때문이다. 하지만 실상은 거대한 착취 공장이다. 당신은 숨 막히는 열기 속에서 온종일 빵을 굽거나 썩은 물이 고인 화장실을 치워야 하지만, 그 노동의 대가는 결코 당신의 입으로 들어오지 않는다. 은밀하게 밀반입된 사제 담배, 마약, 깨끗한 음식, 그리고 현금은 철저히 조직의 위계 질서에 따라 분배된다.

당신은 그들이 남긴 찌꺼기를 얻기 위해, 혹은 그들의 심기를 거스르지 않기 위해 하루 종일 쥐죽은 듯 바닥을 기어야 한다.

만약 당신이 이 지독한 룰을 어기거나 불만을 토로한다면 어떻게 될까?

일반적인 교도소에서 관리되는 '독방'과 같은 형식은 이곳에 존재하지 않는다. 소등이 끝난 밤, 좁은 화장실 구석에서 동료 수감자들에게 소리 없이 짓밟히게 된다. 이곳에서 발생하는 어떠한 폭력이나 사고는 공식적인 국가의 기록으로 남기 어렵다.

국가가 관리하지 않는 교도소 내부에서는, 수감자를 지배하는 것은 법이 아니라 가장 원초적인 폭력과 조직의 위계질서뿐이다.

교도소는 왜 이렇게 설계되었을까?

∧ ∨ ∧ ∨ ∧

사우다드 바리오스를 이해하려면 먼저 로스앤젤레스에서부터 시작해야 한다. 1980년대, 엘살바도르 내전을 피해 미국으로 건너간 난민들은 해당 지역의 기존 갱단의 위협 속에서 생존을 위해 스스로 조직을 만들었다.

이것이 MS-13, 마라 살바트루차의 기원이다. 비슷한 시기에 형성된 또 다른 갱단이 바리오 18(18번가 갱)이다. 두 조직은 곧 숙적이 되었다.

1992년 엘살바도르 내전이 끝나자, 미국은 골칫거리인 범죄 전력이 있는 이 갱단원들을 대규모로 추방하기 시작했다. 하지만 엘살바도르 정부는 이들을 다시 받아들일 준비가 되어 있지 않았다. 결국 이들은 엘살바도르의 빈민가와 교도소 안에서 빠르게 세력을 확장했다. 문제는 교도소 내부였다. 두 거대 조직이 한 지붕 아래 갇혔으니 결과는 뻔했다. 그렇게 폭력이 감당할 수 없는 수준에 이르렀다.

결국 정부는 갱단별로 교도소를 분리하기로 결단을 내렸고, 그렇게 2000년 초반부터 사우다드 바리오스는 MS-13 전용 감옥처럼 운영되었다. 이것은 당시 상황에서 충분히 직관적이고 나름 합리적인 판단이었다.

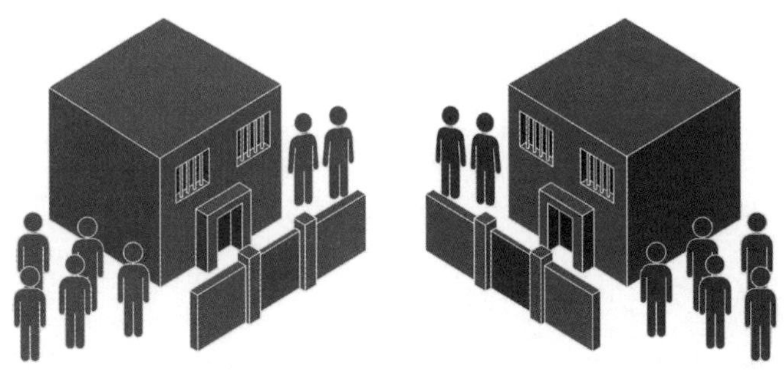

설계자에게 가장 시급했던 목표는 교도소 내의 끔찍한 살육전을 당장 멈추는 것이었을 것이다. 두 거대 조직을 한곳에 두어 피를 보느니, 물리적으로 완전히 떼어놓아 마찰을 원천 차단하겠다는 논리였다. 하지만 이 결정은 치명적인 오류였다.

서로 분리하면 폭력은 줄어든다. 이 전제 자체는 틀리지 않았다. 실제로 갱단 간의 충돌은 줄어들었다. 하지만 그 대가로 발생한 것은, 교도소를 관리하는 국가 권력의 공백이었다. 정작 그 내부의 일상을 규율할 통제력을 잃어버렸다. 인간의 본성은 아무리 고립된 공간에 던져지더라도 무질서 상태로 남기보다는 자신들만의 새로운 지배 구조를 만들어내려 한다. 국가가 범죄자들을 통제하려고 만든 공간에서 오히려 범죄조직에게 경쟁 세력이 없는 안전한 영토로 사용되면서 갱단은 그 안에서 조직을 정비하고, 결속력을 강화하며, 외부의 범죄 활동도 지휘했다.

격리하면 조직이 약화될 것이라는 국가의 단순한 계산은 철저히 빗나갔다. 범죄 집단은 고립되면 무너지기도 하지만, 특정 조건이 맞물리면 오히려 더 강력하게 응집한다. 이미 자신들만의 은어, 확고한 위계질서, 상징, 그리고 명확한 적을 공유하고 있는 거대 조직에게 외부와의 단절은 통제가 아니라 가장 안전한 결속의 기회였다. 사우다드 바리오스가 섬뜩한 이유는 바로 이 역설을 노골적으로 보여주기 때문이다.

설계자의 입장에서 보면 이것은 잔인한 질문으로 돌아온다. '당장 죽지 않게 만들기 위해 선택한 현실적인 조치'가, 장기적으로는 더 강한 세력을 키우는 생태계가 되었다면 그 선택은 실패인가 성공인가?

무장한 교도관이 철문 안으로 들어가지 못하는 순간, 감옥은 본질을 잃는다. 국가는 범죄자들을 사회에서 격리하기 위해 높은 벽을 세웠지만, 결과적으로 그 벽은 역설적이게도 공권력의 개입으로부터 갱단을 지켜주는 튼튼한 방벽이자 완벽한 요새가 되어버렸다.

04

CECOT

찍히기 위해 지어진 감옥

이 감옥은 수감자를 가두는 시설인 동시에, 국가가 강경함을 이미지로 소비시키는 거대한 무대이기도 하다.

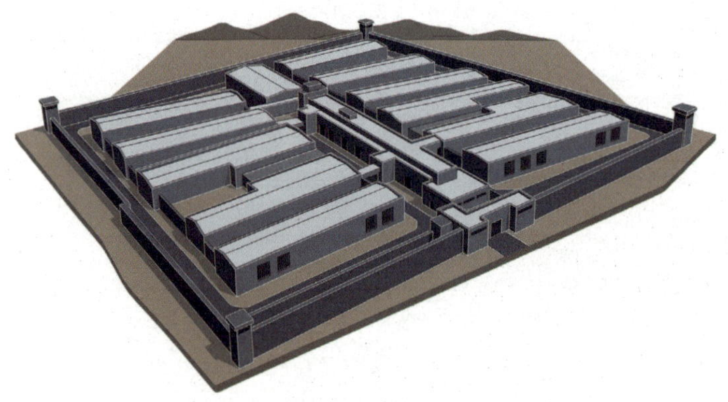

당신이 설계자라면 이번에는 조건이 또 다르다. 앞 챕터에서 우리는 갱단에게 빼앗긴 감옥을 봤다. 국가가 문 안으로 들어가지 못하는 곳. 교도관 대신 조직의 간부가 아침을 깨우는 곳. 사우다드 바리오스가 그랬다.

이번에 당신에게 주어진 임무는 이렇다. 전 세계가 보는 앞에서 국가의 권력을 되찾아야 한다. 수만 명이 넘는 수감자가 밀려들고 있다. 기존 교도소는 이미 터지기 직전이다. 국민은 수십 년간 갱단에 짓눌려 살아왔고, 당장 눈에 보이는 결과를 원한다.

감옥을 지어라. 그런데 한 가지 조건이 붙는다. 이 감옥은 찍혀야 한다. 카메라로 모든 장면이 찍힐 것이다. 소셜 미디어에 올라갈 것이다. 전 세계 뉴스에 나갈 것이다. 머리를 민 수천 명이 쇠사슬에 묶인 채 달리는 장면이 영상으로 편집될 것이고, 그 영상이 국가의 힘을 증명할 것이다.

당신은 감옥을 짓는 게 아니다. 메시지를 짓는 것이다. 이것이 CECOT의 출발점이다. 블랙돌핀은 세상에서 숨겨진 감옥이었다. 사우다드 바리오스는 국가가 버린 감옥이었다. CECOT는 처음부터 카메라 앞에 놓일 것을 전제로 설계된 감옥이다.

2022년 3월 26일. 엘살바도르에서 하루 동안 62명이 총격으로 죽었다. ms-13과 바리오 18 갱단의 긴장감은 도를 넘어설 정도로 높아졌다. 엘살바도르는 오래전부터 갱단들의 높은 폭력률로 악명 높았고, 62명이라는 숫자는 시민들의 충격을 넘어서 국가적으로도 크게 전달됐다.

부켈레 정부는 범죄 조직과의 전쟁을 선포하며 곧바로 비상사태를 선포했고, 강경한 체포 작전을 밀어붙였다. 대대적인 사냥이 시작됐다.

문제는 그 다음이었다. 이렇게 많은 사람을 한꺼번에 붙잡으면, 그 사람들을 어디에 넣고 어떻게 관리할 것인가가 곧바로 국가의 새로운 과제가 되기 때문이다. 단 몇 달 만에 수만 명이 잡혀 들어오자 기존 교도소만으로는 그 속도를 버티기 어려웠고, 정부는 훨씬 더 크고 강한 수용시설을 필요로 하게 됐다.

CECOT^{Centro de Confinamiento del Terrorismo}(테러범 수용 센터)은 그런 압박 속에서 등장한 감옥이었다.

약 4만 명 이상의 인원을 수용할 수 있도록 설계되었으며, 부지 면적만 축구장 약 230개 크기에 달한다. 11m의 높고 두꺼운 콘크리트 벽과 고압의 전기 철조망, 19개의 감시탑이 24시간 감시하고 있다. 수감자들은 8개의 동으로 나뉘어 수용된다. 살바도르를 공포에 떨게 했던 악명 높은 폭력 조직원들이 수감되는 갱단 전용 수용 시설이다.

죄수의 하루

CECOT에는 아침이라는 개념은 없다. 거대한 철문을 넘는 순간, 시간 감각이 먼저 무너지기 시작한다. 햇빛이 들어오기 어려운 구조인 거대한 콘크리트 무덤에서는 24시간 내내 눈을 찌르는 듯한 새하얀 LED 조명만이 켜져 있다. 감방의 압박감은 숨이 막힐 지경이다. 좁은 철창으로 둘러싸인 작은 공간 안에 철제로 만들어진 4단 침대들이 빽빽하게 들어차있다. 방마다 약 100명이 넘는 가까운 수감자들이 욱여넣어져 있다. 방 한구석, 칸막이조차 없는 개방형 변기통에서 훅 끼쳐오는 지린내와 바닥에서 올라오는 역겨운 하수구 악취가 수십 명의 눅눅한 체취와 섞여 코를 찌른다.

감방 위쪽과 지붕 쪽에서는 소총으로 무장한 교도관들이 벌레 보듯 아래를 내려다본다. 그 무장한 교도관 뒤로는 수십개의 CCTV가 지켜보고 있다.

이 끔찍한 공간에서 하루 24시간 중, 23시간 30분을 보내야 한다. 새벽인지 아침인지도 가늠할 수 없는 시간, 쇠창살을 거칠게 두드리는 무장 경비대의

명령 소리와 함께 하루가 시작된다.

배식은 식사가 아니라 사육이다. 식사는 감방 안에서 해결된다. 포크나 숟가락은 무기로 쓰일 수 있다는 이유로 일절 지급되지 않는다. 당신은 맨손으로 차갑게 굳어버린 콩과 또띠아 밥알 찌꺼기를 움켜쥐고 기계적으로 입안에 쑤셔 넣어야 한다. 단백질이 포함된 고기나 생선 등은 영원히 구경조차 할 수 없다.

하루 중 당신에게 허락된 유일한 '감방 밖의 시간'은 고작 30분. 그마저도 흙을 밟거나 햇빛을 쬐는 야외 활동이 아니다. 여전히 족쇄를 찬 상태로, 창문 하나 없는 잿빛 복도에 일렬로 서서 기계적인 체조를 반복하는 것이 전부다. 내부 복도에서 줄을 맞춰 짧게 몸을 움직이는 수준의 체조에 가깝다. 복도를 나올 때나 들어갈 때, 언제나 손은 수갑으로 결박된 채 이동한다.

30분의 짧은 운동이 끝나고 다시 철창 안으로 던져지면, 하루 23시간 30분의 기나긴 진공 상태가 시작된다.

일과는 이것으로 끝이다. 심지어 재판이 열려도 담장 밖으로는 한 발짝도 나갈 수 없다. 수감자는 건물 내부의 비좁은 방에 처박혀, 모니터 화면 너머의 변호사와 판사를 마주하는 '인터넷 화상 재판'을 받을 뿐이다. 법정의 공기조차 허락되지 않는 완벽한 고립이다. 가족조차 평생 볼 수 없다. 이곳에서 살아서 탈출한다는 상상 자체가 사치다.

건물 외곽은 19개의 감시탑이 24시간 노려보고 있으며, 전기 울타리와 철조망이 모든 방향을 막으며, 감옥을 드나드는 출입구는 단 하나뿐이다. 기적처럼 담장을 넘는다 해도, CECOT 주변은 사람의 흔적조차 없는 황량한 시골 골짜기다. 발자국 하나 숨길 수 없는 구불구불하고 탁 트인 흙밭 위에서 탈주자는 완벽한 사냥감이 된다.

실제로 이곳에서 성공한 탈출 사례는 단 한 건도 없다. 이 감옥에서 두 발로 걸어 나가는 유일한 방법은 시체가 되어 관에 실려 나가는 것뿐이다.

하지만 이 철저하게 고립된 상태에서 당신을 진짜로 발가벗기는 것은, 총을 든 교도관도 24시간 돌아가는 CCTV도 아니다.

바로 카메라를 통해 보도되는 이 기괴한 광경을 화제거리로 소비하는 전 세계의 시민들이다. 수치심마저 완벽하게 거세당한 채 이곳에 갇힌 당신은 더 이상 사람이 아니다. 철저히 카메라 앞에 전시된 채 구경거리가 되어버린, 거대한 동물원의 짐승일 뿐이다.

교도소는 왜 이렇게 설계되었을까?

∧∨∧∨∧

대부분의 감옥은 숨기고 싶은 국가의 치부다. 블랙돌핀은 스텝 한가운데 묻혀 있었고, 사우다드 바리오스는 국가 자체가 외면했다.

감옥의 내부가 언론에 노출된다는 것은 곧 운영 시스템이 붕괴했다는 뜻이기 때문이다. 폭동, 사망, 내부 고발, 탈옥 같은 예외적 상황이 아니면 감옥은 대체로 외부에는 닫혀 있다. 하지만 CECOT는 이 상식을 완전히 뒤집었다.

2023년 2월 엘살바도르 정부는 하얀 반바지만 입고 수갑에 묶여 이송되는 삭발한 수천 명의 수감자 영상을 소셜미디어를 통해 공개했고, 이후에도 통제된 방문과 기자, 유튜버들의 영상 공개를 통해 이 감옥의 내부를 반복적으로 보여준다.

CECOT를 보면 감옥이라기보다 하나의 콘텐츠에 가깝다는 생각이 든다. 이 감옥은 철저히 '보여주기 위해' 존재한다. 오해하면 안 된다. 이 안에 갇힌 자들은 동정할 가치조차 없는 끔찍한 갱단원들이다. 수십 년간 이 괴물들의 폭력에 짓눌려 온 국민들에게, 국가가 이들을 짐승처럼 짓밟고 완벽하게 통제하는 장면은 절실하게 필요한 카타르시스였다. 하지만 감옥이 콘텐츠가 되는 순간, 형벌의 의미도 조금 달라진다.

보통 형벌은 범죄의 대가를 치르게 하고, 다음 범죄를 막고, 경우에 따라 수감자를 교화하는 일까지 명분으로 내세운다. 그런데 CECOT은 이 본질을 비틀어 새로운 기능을 만들었다. 바로 '보여주는 것'이었다. 형벌 자체가 콘텐츠가 되고, 수감자들의 몸이 국가 권력의 소품이 되는 것이다. 문제는 카메라 렌즈가 비추지 않는 곳이다.

모두의 시선이 한 시설의 화려한 통제력에 집중될수록, 카메라 밖의 현실은 철저히 은폐된다. CECOT를 제외한 나머지 교도소들의 끔찍한 과밀 상태, 억울하게 잡혀 들어온 미결수들, 자의적 구금과 교도소 내의 조용한 죽음들은 CECOT에 가려져 질서 회복이라는 명분으로 세탁된다. 이 기괴한 설계가 소름 돋게 무서운 이유는 그 강렬한 전염성에 있다.

대중은 화면 너머로 전시되는 잔혹한 쇼를 보며 묘한 카타르시스와 경악을 동시에 소비한다. 형벌을 스펙타클한 콘텐츠로 전락시킨 이 기형적인 설계는, 대중의 환호성을 먹고 자라며 어느새 '가장 효율적인 정의'로 위장해 전 세계로 퍼져나간다.

국가의 폭력이 콘텐츠가 되고, 전 세계의 호기심이 그 쇼의 시청률을 보장하는 순간. CECOT이라는 감옥은 비로소 설계자의 의도대로 가장 완벽하게 완성된다.

05

산 페드로 교도소

돈이 법이 되는 감옥

국가가 규율을 포기한 자리를 돈과 거래가 대신하면서, 감옥 안의 질서는 법이 아니라 구매력에 따라 재편된다.

이번에는 더 기묘한 조건이 붙는다. CECOT에서 국가는 카메라 앞에 폭력을 전시했다. 사우다드 바리오스에서는 갱단이 국가를 밀어내고 담장 안을 접수했다. 블랙돌핀에서는 시스템이 인간을 부품으로 갈아 넣었다. 하지만 이번에 설계해야 할 감옥에는 치

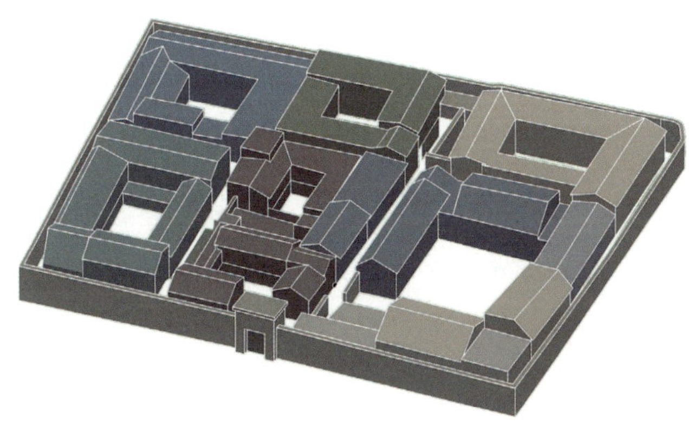

감옥 - 통제와 역설

명적인 제약이 있다. 예산이 없다. 교도관을 고용할 돈도, 수감자에게 저녁밥을 줄 돈도 없다. 문을 굳게 걸어 잠그되, 안에서 일어나는 일에는 완벽하게 손을 뗀다. 수감자들이 알아서 먹고, 알아서 자고, 알아서 질서를 유지하게 놔둘 수 밖에 없다.

볼리비아 라파스 도심 한복판, 해발 3,650미터 안데스 산맥 위에 세워진 산 페드로 교도소는 앞서말한 극단적인 방치로 인해 감옥이 아니라 거대한 시장이 되어버렸다. 광장과 거리 사이에 끼어 있는, 겉보기엔 평범한 건물 안에는 본래 600명을 위해 지어졌지만 지금은 그 다섯 배가 넘는 사람들이 빼곡히 들어차 살고 있다.

볼리비아는 남미에서 가장 가난한 나라 중 하나다. 교도소 예산은 만성적으로 바닥을 찍었고, 유엔은 이 나라 교도소의 환경을 '비인간적'이라고 규정한 바 있다.

여기에 독특한 법적 구멍이 하나 있다. 볼리비아 사법 체계에서 수감자에 대한 실질적 권한은 교정 당국이 아니라 사법부에 귀속된다. 교도관은, 판사가 넘긴 수감자들을 교도소 안으로만 안내하고 담장 바깥에서만 지키는 단순한 문지기에 불과하다. 수감자를 처벌하거나 보상할 법적 근거가 없다. 명령할 권한도, 교화할 의무도 없다. 그냥 담장 바깥에 서서, 아무도 탈출하기 위해 넘어 나오지 않는지만 감시하면 된다.

여기서 정부가 제공하는 건 아침과 점심, 기본 식사 두 끼뿐이다. 저녁은 없다. 주거도 보장하지 않는다. 의료도 마찬가지다. 나머지는 수감자가 알아서 해결해야 한다.

아무도 수감자에게 집을 사게 하자고 기획하지 않았다. 그냥 국가가 손을 놓았고, 이는 의도된 것이 아니었다.

죄수의 하루

무거운 철문을 넘어 산 페드로에 첫발을 들인 당신을 맞이하는 것은 제복 입은 교도관이 아니다. 당신은 곧바로 부동산 중개인 역할을 하는 다른 수감자를 만나야 한다. "감방은 직접 구하셔야 합니다." 이 황당한 첫 마디와 함께 당신의 수감 생활이 시작된다. 감방은 배정받는 것이 아니라 돈을 주고 사는 것이다. 흥정하고, 계약서를 쓰고, 공증까지 받아야 한다.

이곳의 아침을 깨우는 것은 교도관의 명령이나 호루라기 소리가 아니다. 블랙돌핀처럼 15분마다 들이닥치는 감시도, CECOT처럼 쇠창살을 두드리는 경비대도 없다. 국가가 먹여 살리지 않으므로 당신은 당장 직업을 구해야 한다. 이발사, 요리사, 목수, 구두닦이 등 바깥세상의 골목 상권이 담장 안에 그대로 펼쳐져 있다.

낮이 되면 세계 어느 교도소에서도 볼 수 없는 기괴한 풍경이 눈앞에 펼쳐진다. 수감자의 아내와 자녀들이 담장 밖 학교에서 수업을 마치고 감옥 안 수감자들의 집으로 돌아온다. 교도소 안 설치된 축구장과 농구장에서 놀고 있는 아이들, 옆 벤치에 앉아 휴식을 취하는 사람들, 이 장소가 교도소라는 것만 빼면 풍경은 놀라울 만큼 평범하다.

감옥 - 통제와 역설

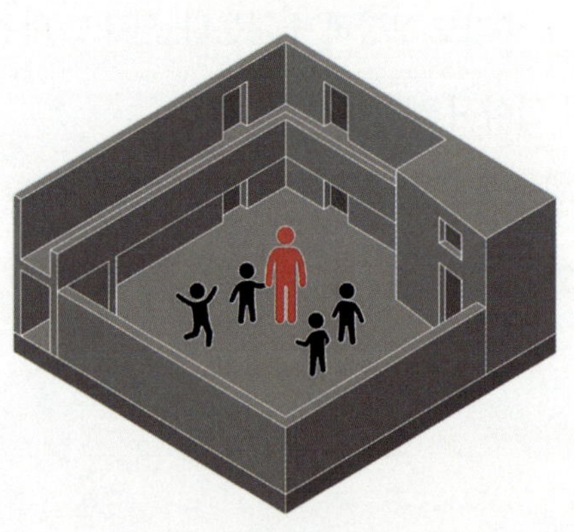

저녁이 되면 산 페드로의 잔혹함이 적나라하게 드러난다. 구석 복도에서 벌어지는 주먹 다짐, 코카인이 몰래 거래되며, 정부가 제공하는 식사는 아침과 점심뿐, 저녁은 알아서 해결해야 한다.

돈이 있다면 교도소 내 식당에서 구매해 먹을 수 있다. 돈이 없다면 굶어야 한다. 감방에 들어가 살 돈도 없다면 그냥 교도소 구석 콘크리트 복도에 웅크려 자야한다.

교도소는 왜 이렇게 설계되었을까?

∧∨∧∨∧

사우다드 바리오스에서 국가 권력의 빈자리를 채운 건 갱단이었다. 산 페드로에서 그 빈자리를 채운 건 철저히 돈이다.

PART 2

볼리비아 사법 체계의 구멍과 만성적인 예산 부족이 겹치면서, 국가는 교도소의 운영을 포기했다. 교도관은 그저 문밖을 지키는 문지기로 전락했고, 수감자들은 살아남기 위해 자치 공화국을 세웠다. 겉보기에 이 시스템은 놀라울 정도로 잘 돌아간다. 자체 선거가 있고, 세금 체계가 있으며, 식당과 이발소가 영업한다. 폭동이 드물고 대규모 탈옥도 없다.

여기서 한 발만 더 들어가면 전혀 다른 풍경이 보인다. 이 '자치'의 모든 것은 돈 위에 서 있다. 돈이 있으면 좋은 컨디션의 감방에서 가족과 산다. 돈이 없으면 복도 바닥에서 다른 수감자의 심부름을 하며 끼니를 해결한다. 같은 범죄, 같은 선고, 같은 담장 안. 그런데 한쪽은 편안하게 자고, 한쪽은 바닥에서 굶는다.

형벌이라는 것의 가장 기초적인 전제가 있다. 같은 죄에는 같은 벌. 부자든 가난한 사람이든, 담장 안에 들어오면 조건은 동일해야 한다는 것. 블랙돌핀에서든 CECOT에서든, 최소한 그 전제만큼은 유지된다. 다 같이 똑같은 감옥에 있으니까. 하지만 산 페드로에서는 그 전제가 통째로 증발한다. 형벌의 무게를 결정하는 건 범죄의 크기가 아니라 통장 잔고다.

국가가 형벌의 집행을 포기하고 수감자에게 자치를 넘기면, 수감자들이 만드는 건 자유가 아니다. 불평등이다. 바깥 세계의 계급 구조가 담장 안에서 더 잔인한 형태로 복제된다. 바깥에서는 가난

해도 최소한의 안전망이 있다. 급식소가 있고, 노숙자 쉼터가 있고, 응급실은 돈이 없어도 문을 열어준다. 산 페드로 안에는 그런 것이 없다. 돈이 안전이고, 돈이 존엄이고, 돈이 없으면 상상할 수 없는 비참한 불평등을 겪게 된다.

산 페드로는 감옥 그 자체를 하나의 거대한 시장으로 만들었다. 가장 불편한 진실은 이 기형적인 시스템이 너무나도 안정적이고 효율적으로 굴러간다는 점이다. CECOT보다 폭동이 적고, 사우다드 바리오스보다 질서가 있다.

돈은 폭력보다 조용하고, 공포보다 효율적이다. 잔고만 확인하면 누가 위층에서 자고 누가 복도 바닥에서 웅크릴지가 폭동 없이 결정된다. 국가는 예산을 아꼈고 감옥은 스스로 경제를 돌렸으니, 완벽한 방치의 경제학이 완성된 셈이다.

산 페드로에서는 선거철마다 정치인들이 담장 안으로 들어와

연설을 한다. 수감자에게도 투표권이 있기 때문이다. 축구장 뒤 구덩이 옆에 서서, 후보자들이 표를 구한다.

감옥 안에서 표를 구하는 정치인. 이 장면이 산 페드로의 전부다. 이곳은 감옥이면서 마을이고, 형벌이면서 시장이고, 격리이면서 사회다. 그리고 이 모순의 작동 원리는 담장 바깥 세상과 정확히 같다. 돈이 있으면 배부르고, 없으면 굶는다.

어쩌면 산 페드로의 진짜 공포는 담장 안의 삶이 아니라, 그 삶이 담장 밖과 너무 닮았다는 사실인지도 모른다. 바깥에서도 부자와 가난한 사람은 같은 법 아래에서 다른 결과를 받는다. 비싼 변호사를 고용할 수 있는 사람과 없는 사람의 선고문은 다르다. 산 페드로는 그 현실의 희화화가 아니다. 가감 없는 거울이다. 벽 하나를 사이에 두고, 같은 시스템이 안팎으로 작동하고 있을 뿐이다.

국가가 손을 놓은 감옥에서 수감자들은 사회를 만들었다. 그 사회는 바깥 세계의 복제품이었다. 이것이 자본의 공포다.

06

ADX 플로렌스

완벽해서 무서운 감옥

이곳의 공포는 통제가 실패해서가 아니라, 너무 성공적이어서 인간 접촉과 시간감각마저 제거해 버린다는 데 있다.

설계자인 당신은 지금까지 다섯 개의 감옥을 거쳐왔다.

블랙돌핀에서는 눈을 가렸다. 빅 타이거에서는 몸을 구겨 넣었다. 사우다드 바리오스에서는 국가가 문밖으로 쫓겨났다. CECOT에서는 카메라가 돌았다. 산 페드로에서는 통장 잔고가 형량을 정했다.

이번에 주어진 과제는 이전과 차원이 다르다. 그 다섯 가지 감옥의 실패를 전부 읽고, 전부 분석하고, 전부 봉쇄하라.

탈출? 구조적으로 불가능하게 만들어라. 갱단의 조직화? 물리적으로 차단해라. 수감자 간 폭력? 접촉 자체를 없애라. 교도관 살해? 인간과 인간이 만나는 순간을 설계에서 지워라.

앞선 감옥들의 모든 결함에 대한 해답을 콘크리트 한 덩어리에 주조해 넣어야 한다. 단, 조건이 하나 붙는다.

이 감옥에 들어오는 자들은 이미 종신형을 살고 있다. 종신형 선고를 받은 상태에서 교도관을 죽인 자들이다. 종신형 위에 종신형을 하나 더 얹어봤자 아무 의미가 없는 자들이다. 형량이라는 위협이 작동하지 않는 인간들. 잃을 것이 아무것도 남지 않은 인간들. 이 인간들을 죽을 때까지 가둬놓되, 아무 일도 일어나지 않게 만들어라.

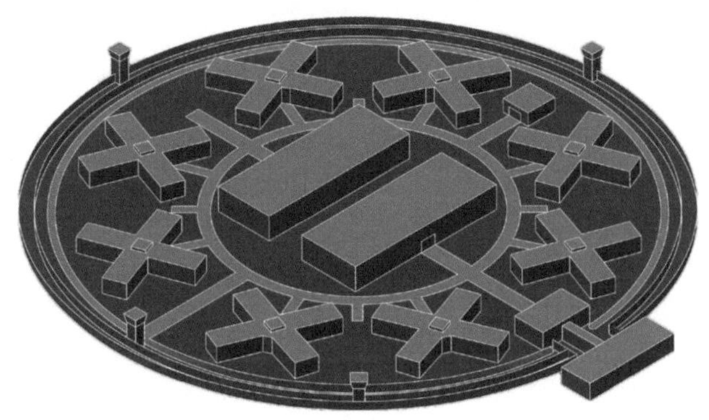

당신이라면 어떤 건물을 짓겠는가?

∧∨∧∨∧

콜로라도주 남부, 로키산맥 자락 해발 1,600미터. 덴버에서 남쪽으로 두 시간. 사방이 메마른 관목과 적갈색 흙뿐인 고원지대

한가운데, 그 건물이 서 있다.

ADX 플로렌스. 국가가 만들어낸 세상에서 가장 정교한 격리 장치. 말 그대로 정말 완벽하다. 1983년 10월, 일리노이주 매리언 연방교도소. 이날 하루 동안, 같은 건물 안에서 교도관 두 명이 각각 별개의 사건으로 찔려 죽었다. 가해자는 백인 우월주의 감옥 갱단 아리안 브라더후드 소속 수감자 두 명. 둘 다 이미 종신형이었다. 종신형을 추가로 선고해봤자 달라질 게 없었다.

이 사건이 미국 교정 시스템 전체를 뒤집었다. 매리언 교도소는 즉시 전면 봉쇄에 들어갔고, 그 봉쇄 상태가 23년 동안 풀리지 않았다. 연방 교도국은 결론을 내렸다. 기존의 최고보안 시설로는 부족하다. 한 단계 위가 필요했다. 더 극한의 보안이 필요했다. '슈퍼맥스'라는 개념이 이 사건의 잔해 위에서 태어났다.

11년 뒤인 1994년, 콜로라도 고원에 건물이 올라갔다. 건설비 약 6천만 달러. 미국 유일의 연방 슈퍼맥스, ADX 플로렌스가 지어졌다. 시설의 설계 수용 인원은 490명. 그런데 이 감옥은 개장 이래 한 번도 만원이 된 적이 없다. 수용동 중 두 곳은 사람이 줄어 아예 폐쇄됐다.

과밀도로 사람들과 허우적거리는 빅 타이거와는 정반대다. 이 곳의 문제는 사람이 너무 많은 것이 아니라, 한 명 한 명에게 쏟아붓는 격리의 밀도가 너무 짙다는 것이다.

감옥 - 통제와 역설

이곳에 들어오는 수감자의 대다수는 다른 교도소에서 이송된 자들이다. 교도관을 공격했거나, 다른 수감자를 죽였거나, 일반 고보안 시설에서조차 통제가 불가능했던 자들. 보스턴 마라톤 폭탄범, 9·11 공모자, 멕시코 카르텔 보스, FBI를 배신한 이중스파이, 감옥 갱단의 수장들. 미국 범죄사에서 가장 악명 높은 이름들이 이 건물의 콘크리트 감옥으로 쫓겨났다.

보안 체계는 단순하면서도 과잉이다. 면도날 철조망, 원격 제어 강철문 1,400개. 동작감지 센서, 감시탑 위의 저격수, 경비견. 건조하고 단단한 이 교도소에서 탈출에 성공한 사람은 단 한 명도 없다.

죄수의 하루

(ADX에는 여섯 개의 보안 등급이 있다. 일반동, 특별수용동, 특별보안동, 경과 유닛, 그리고 네 개의 감방만으로 이루어진 Range 13까지. 이 장에서 묘사하는 것은 그중 Control Unit, 내부 명칭 '브라보 유닛'이다)

이 감옥에는 '하루'라는 단위가 의미를 잃는다. CECOT에서도 비슷한 말을 했지만, 거기에는 적어도 같은 방에 수십 명이 있었다. 다른 인간의 체온이 있었고, 기침 소리가 있었고, 누군가의 뒤척임으로 시간의 흐름을 짐작이라도 할 수 있었다. 컨트롤 유닛에서는 그 최소한의 감각마저 설계 단계에서 잘려나갔다.

이곳에는 아침을 알리는 교도관의 고함도, 이웃 감방의 웅성거림도 없다. 당신을 짓누르는 것은 고막을 찢을 듯한 완벽한 정적이다.

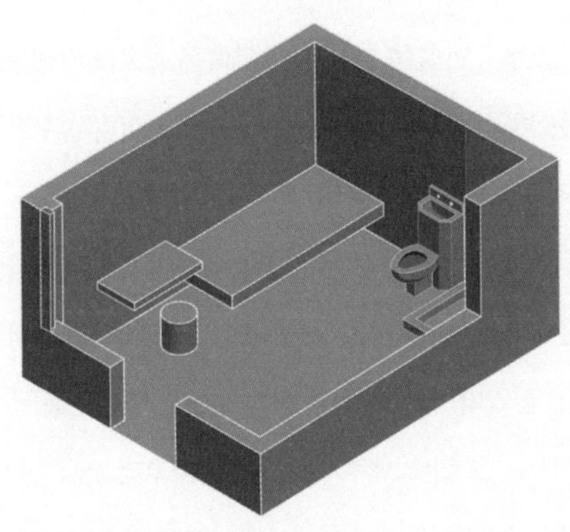

눈을 뜬다. 콘크리트 천장. 일어나서 세 걸음 반. 벽이다. 돌아서서 다시 세 걸음 반. 또 벽이다. 가로 2.1미터, 세로 3.7미터. 이곳이 당신에게 허락된 우주의 전부다.

이 안에 침대, 책상, 의자, 스테인리스 세면대-변기 일체형, 자동 차단 샤워기가 전부 들어 있다. 침대, 책상, 의자는 전부 콘크리트다. 타설해서 굳힌 한 덩어리. 벽도, 바닥도, 앉는 곳도, 눕는 곳도 같은 재질이다. 콘크리트 침대의 양쪽 가장자리에는 손잡이가 박혀 있다. 가구가 아니다. 4점 신체구속 장치를 연결하는 고리다. 세계에서 가장 부유한 나라가 자국 수감자에게 허락한 침대에는, 사람을 묶기 위한 장치가 설계 단계에서 내장되어 있다. 금속은 무기가 될 수 있다. 플라스틱도 깨지면 날카롭다. 콘크리트만이 아무것도 할 수 없게 만든다.

창문이 있다. 폭 약 10센티미터, 높이 약 107센티미터의 세로 틈. CIC 감사 보고서에 따르면 이 창은 하늘만 보이도록 기울어져 있다. 수감자가 자기 감방

감옥 - 통제와 역설

이 이 거대한 건물의 어디쯤에 위치하는지 추정할 방법은 없다. 블랙돌핀은 이동할 때 눈가리개를 씌웠다. ADX는 눈가리개가 필요 없다. 건물 자체가 눈 가리개다.

감방 문은 두 겹이다. 안쪽은 철창문, 바깥쪽은 견고한 강철문. 강철문에는 여닫을 수 있는 투입구가 하나 뚫려 있다. 식사는 이 투입구로 밀려 들어온다. 주변에 들리는 소리는 없다.

감방 벽은 소리를 차단하도록 만들어졌다. 이것이 블랙돌핀과의 결정적 차이다. 블랙돌핀에서는 15분마다 교도관의 발소리가 들렸다. 이동할 때 교도관의 손이 팔을 잡았다. 적어도 다른 인간의 물리적 존재를 몸으로 느낄 수 있었다. 이곳에서는 그 접촉 자체가 구조에서부터 제거됐다. 다른 수감자의 목소리도, 그림자도, 기척도 감지할 수 없다. 감방 사이의 벽은 소리를 완전히 차단하도록 설계됐다.

하루 22시간에서 23시간을 이 방 안에서 보낸다. 남은 한두 시간. 운동 시간이라 불리는 것이 주어진다. CIC 보고서에 따르면 평일 기준 하루 약 한 시간의 운동이 허용된다. 수감자들 사이에서 '빈 수영장'이라 불리는 공간으로 끌려간다. 교도관 세 명에서 다섯 명이 호송한다. 수갑과 족쇄가 채워진 상태로 말이다.

혼자 들어가서 혼자 걷는다. 운동 시간에도 격리는 유지되고, 운동을 나간 사이 교도관은 빈 감방을 샅샅이 수색한다. 그리고 브라보 유닛의 가장 끔찍한 규칙 하나가 존재한다.

한 달에 한 번, 행동 심사가 있다. 30일 동안 규칙을 완벽하게 지켜야 한다. 단 하루라도 위반이 기록되면, 그 달 전체가 복역 기간으로 인정되지 않는다. 30일 중 29일을 견뎌도, 마지막 하루에 사소한 위반이 있으면 한 달이 통째로 사라진다. 시간을 버는 유일한 방법은 완벽한 복종이고, 실패의 대가는

PART 2

시간 자체의 소멸이다. 종신형을 받았다고 해도 이 위반이 효과가 없는 것은 아니다. ADX는 수감자들에게 복역 기간을 줄여주는 대신, 가장 엄격한 브라보 유닛에서 일반동으로 옮기게 해줄 수 있다.

CIC 보고서에 따르면, 일반동에서는 운동 시간도 늘어나며, 다른 수감자를 볼 수 있거나 대화할 기회가 생긴다고 전해진다. 이로 인해 종신형을 받았어도 더 나은 대우를 받기 위해 완벽한 복종을 하게 된다.

이 감옥에서 가장 잔인한 것은 폭력이 아니다. 폭력이 일어날 여지 자체가 없다. CECOT의 무장 경비대도, 사우다드 바리오스의 갱단 린치도, 빅 타이거의 야간 난투도 여기에는 존재하지 않는다. 아무 일도 일어나지 않는다. 그것이 이 감옥의 형벌이다.

아침이 와도 알 수 없고, 밤이 와도 달라지는 것이 없다. 내일도, 모레도, 1년 뒤에도, 10년 뒤에도. 콘크리트 천장. 10센티미터 창. 투입구로 밀려 들어오는 식판. 모든 것이 건조하고 딱딱하다. 이곳에 들어온 순간 인간의 모든 감각이 닳아 없어진다. 시간이 흘러가면 갈수록 사람이 지워진다.

교도소는 왜 이렇게 설계되었을까?

∧ ∨ ∧ ∨ ∧

앞의 다섯 감옥은 전부 실패한 감옥이었다. 블랙돌핀은 통제를 극한으로 밀어붙이다가 감옥의 기능 자체를 좁혀버렸다. 빅 타이거는 설계를 포기한 대가로 내부에 또 하나의 계급 사회를 키웠다.

사우다드 바리오스는 갱단에게 요새를 헌납했다. CECOT는 형벌을 콘텐츠로 전락시켰다. 산 페드로는 감옥을 시장으로 바꿔버렸다.

ADX 플로렌스는 다르다. 이 감옥은 실패하지 않았다. 탈출 기록 제로. 교도관 살해 제로. 갱단 조직화 제로. 수감자 간 폭력, 구조적으로 차단. 설계자가 세운 모든 목표가 달성됐다. 기능적으로, 이 건물은 흠잡을 데가 없다.

그래서 무섭다. 실패한 감옥은 고칠 수 있다. 예산을 늘리고, 인력을 투입하고, 구조를 뜯어고치면 된다. 하지만 성공한 감옥은 고칠 이유가 없다. 작동하고 있으니까. 숫자가 증명하니까.

ADX의 설계 논리를 따라가 보자.

∧∨∧∨∧

매리언 교도소에서 교도관이 죽었다. 이미 종신형인 수감자에게 형량 추가는 형벌이 아니었다. 수감자가 형벌을 느낄 수 있게 환경 자체를 바꿔야 했다. 그래서 인간과 인간의 접촉을 건축적으로 그리고 시스템적으로 제거했다. 사람을 만날 수 없으면 죽일 수 없다. 소통할 수 없으면 조직할 수 없다. 볼 수 없으면 도망칠 수 없다.

냉정하게 보면 이 추론에는 빈틈이 없다. 문제는 이 완벽한 논리가 만들어낸 모순이 있다.

장기 격리가 인간의 뇌에 어떤 영향을 주는지 이미 충분히 기록되어 있다. 2012년, ADX 수감자 11명이 연방 교도국을 상대로 집단소송을 걸었다. 핵심 주장은 단순했다. 심각한 정신질환을 앓는 수감자들에 대한 진단과 치료가 만성적으로 방치됐다는 것. 이 소송은 2016년 합의로 마무리됐고, 합의 조건에 따라 정신질환 선별 절차 개선, 그룹 치료 및 자살 방지 프로그램 도입, 가장 심각한 상태의 수감자를 치료 전문 시설로 이송하는 조치가 시행됐다.

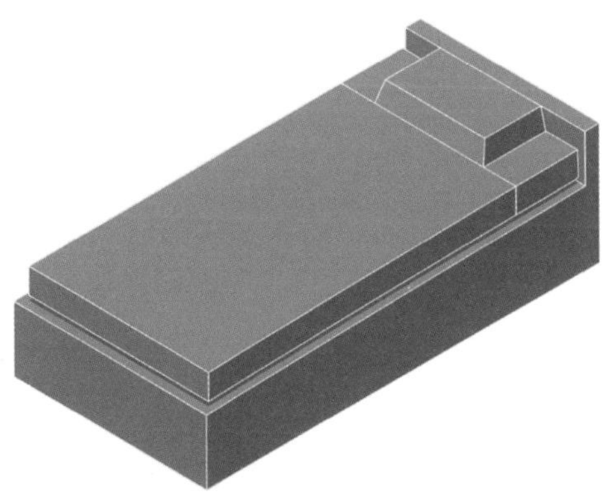

여기서 모순이 드러난다. ADX는 가장 위험한 인간을 격리하기 위해 지어졌다. 그런데 그 격리 자체가 수감자의 정신을 부순다. 정신이 부서진 수감자는 더 위험해진다. 더 위험해진 수감자는 더 강한 격리가 필요해진다. 이것은 설계의 실패가 아니다. 설계가 너무 성공적이어서 발생한 역설이다.

ADX에서 적어도 아홉 명의 수감자가 스스로 목숨을 끊었거나, 스스로 목숨을 끊은 것으로 추정되는 방식으로 죽었다. 다른 수감자에게 죽임당한 것이 아니다. 교도관의 과잉 진압으로 죽은 것도 아니다. 아무도 건드리지 않았다. 아무 일도 일어나지 않았다. 그냥 콘크리트 방 안에서, 혼자 죽었다.

설계자는 폭력을 제거하려 했다. 성공했다. 그런데 폭력이 사라진 자리에 남은 것은 평화가 아니었다. 진공이었다. 자극이 없고, 접촉이 없고, 변화가 없는 완전한 진공. 그리고 인간의 뇌는 스스로를 갉아먹기 시작한다.

이 장에서 본 감옥들은 서로 전혀 다른 방식으로 작동했다. 어떤 곳은 인간이 시설의 구조를 파악하지 못하게 만들었고, 어떤 곳은 너무 많은 인간을 너무 좁은 공간에 밀어 넣었고, 어떤 곳은 국가가 통제권을 잃었고, 어떤 곳은 그 통제를 카메라 앞에 전시했고, 어떤 곳은 돈이 형벌의 자리를 대신했고, 어떤 곳은 모든 문제를 지워버리기 위해 인간 접촉 자체를 제거했다. 하지만 끝까지 따라가 보면, 이 감옥들은 모두 같은 질문으로 수렴한다. 감옥은 사람을 다루는 제도인가, 아니면 위험을 관리하는 장치인가. 국가는 늘 질서와 안전을 말하지만, 그 논리를 끝까지 밀어붙일수록 감옥은 점점 교정의 장소가 아니라 인간을 오래, 조용히, 효율적으로 무너지게 만드는 기계에 가까워진다.

형벌과 감옥은 모두 누군가를 다루기 위해 만들어진 장치였다. 그렇다면 한 개인이 자기 우월함과 완벽함을 증명하기 위해 범죄를 설계할 때는 어떤 일이 벌어질까. 다음 장의 완전범죄는 바로 그 지점에서 시작된다.

감옥 - 통제와 역설

완전범죄

완벽과 균열

인간은 왜 완전범죄를 꿈꿀까. 왜 사람을 죽이거나 속이는 데서 끝나지 않고, 흔적까지 지워 자신이 세상 위에 군림할 수 있다고 믿게 되는 걸까. 완전범죄는 흔히 치밀한 계획과 높은 지능의 문제처럼 보이지만, 실제로 그것이 무너지는 방식은 대개 훨씬 단순하다.

거기에는 자기 통제력에 대한 과신, 상대를 끝까지 조종할 수 있다는 착각, 그리고 자신은 평범한 실수를 하지 않을 것이라는 오만이 함께 들어 있다.

이 장에서 보게 될 범죄자들은 단순히 잔인한 살인자들이 아니다. 그들은 인간이 완벽함을 설계하려 할 때 어디에서 가장 쉽게 무너지는지를 보여주는 기록이다.

BTK, 더스트

관객 없는 완벽은 견딜 수 없다

완벽한 범죄를 꿈꾼 사람은 끝내 그것을 혼자만의 비밀로 남겨 두지 못한다. 어떤 허영심은 스스로 무대 위로 걸어 나오고, 어떤 허영심은 무심한 틈 사이로 새어 나온다.

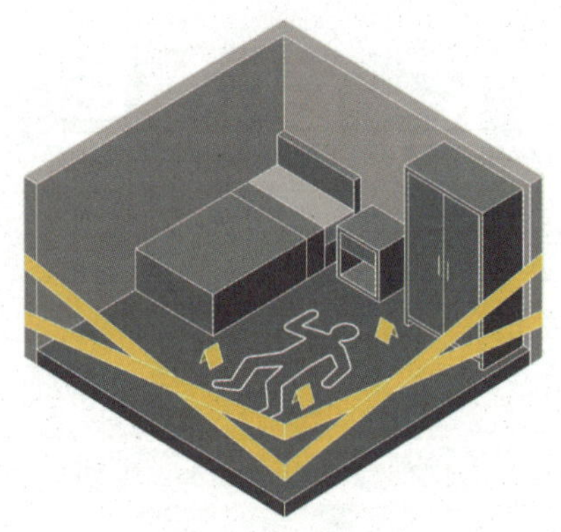

완벽한 범죄를 꿈꾸는 이들이 흔히 착각하는 것이 있다. 경찰의 포위망을 뚫고, 현장의 증거를 지우고, 법의 빈틈을 피하면 완전범죄가 완성될 것이라는 믿음이다.

하지만 범죄사에서 가장 오래 버틴 사건들을 다시 들여다보면, 그들을 끝내 무너뜨린 것은 첨단 과학 수사도, 끈질긴 형사의 직감도 아니었다. 때로는 과시욕, 자만심, 그리고 자신을 드러내고 싶어 하는 인간적인 허점이 더 치명적인 균열이 되었다.

13년간 완벽하게 숨어 있던 남자가 있었다. 경찰은 수사를 포기했고, 도시와 사람들 사이에서는 사건이 점점 잊히기 시작했다. 그 남자는 매주 일요일 교회에 나갔고, 동네 주민들에겐 평범하디 평범한 이웃 주민이었다.

결혼도 했고, 자녀도 있었다. 주변에서 보기에는 그가 최소 10명을 살해한 연쇄살인범이라고는 절대로 상상하지 못했을 것이다. 남은 생동안 그에게 필요한 건 오직 하나였다.

이대로 조용히 입을 다물고 사는 것뿐이었다. 그런데 그가 다시 돌아왔다. 아무도 부르지 않았는데, 스스로 말이다.

1974년부터 1991년까지 미국 캔자스주 위치토에서는 시민들을 장기간 공포에 몰아넣은 연쇄살인 사건이 이어졌다. 범인은 피해자들을 결박하고 고문한 뒤 살해했고, 그것만으로도 충분히 끔찍했지만, 시민들을 더 소름 돋게 만든 것은 따로 있었다.

범인은 사건 이후 경찰과 언론에 직접 편지를 보내며 자신이 한 짓을 과시한 것이다.

그리고 그 편지 끝에 세 글자를 남겼다.

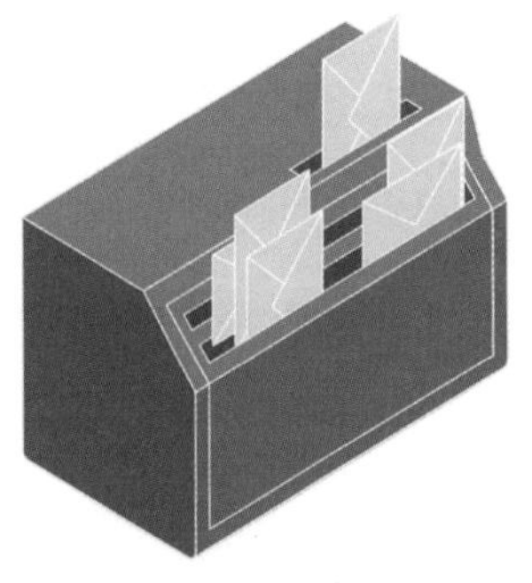

'BTK.'

Bind(묶고), Torture(고문하고), Kill(죽인다).

그는 자신의 범행 방식을 스스로 이름 붙였고, 그 이름은 곧 미국 범죄사에서 가장 악명 높은 별칭 중 하나가 되었다.

여기서 이미 이상한 점이 있다. 살인에 이름을 붙일 필요가 있었을까? 죽이는 것이 목적이었다면, 이름은 필요 없다. 흔적을 지우고 사라지면 그만이다. 이름이 필요한 건 누군가에게 보여줄 때뿐이다. 이것은 단순한 범죄가 아닌 자기 소개였다.

수사기관은 범인을 오랜 기간 추적하기 시작했다. 하지만 사건은 쉽게 풀리지 않았다. 1974년부터 1991년까지 최소 10명을 살해한 범인은 한 순간에 자취를 감췄기 때문이다.

그는 범행 대상을 치밀하게 물색한 뒤, 범행 후 장기간 조용히 지내며 경찰의 수사망을 지능적으로 피해갔기 때문에, 그에 관한 새로운 단서는 드러나지 않았고, 수사는 자연스럽게 더뎌지며 미제 사건이 되어갔다. 많은 사람들은 이 끔찍한 연쇄살인 사건이 끝내 해결되지 않을 수도 있다고 여겼다.

수사가 난항을 겪던 사이 범인은 놀라울 만큼 평범한 일상 속에 녹아 숨어있었다. BTK의 정체는 1945년생의 데니스 레이더였다. 그는 오랜 시간 평범한 지역사회 구성원처럼 살아갔다. 교회 활동을 했고, 보안 회사 직원으로 근무하며, 외모는 연쇄살인범과 쉽게 연결되지 않는 지극히 평범한 얼굴을 하고 있었다.

완벽한 은폐에는 첨단 기술이 필요하지 않았다. 평범함 자체가 가장 정교한 위장이었다. 일요일마다 교회에 나가는 가장을 연쇄살인범으로 의심하는 사람은 없으니까. 이대로였으면 데니스 레이더는 평범하게 은퇴하고, BTK라는 이름은 사람들의 기억 속에서 서서히 바래져 완전히 잊혔을 것이다. 그에게 필요한 건 그저 아무것도 하지 않는 것이었다.

하지만 그가 오래 숨어있는 것과 자신의 범행을 끝까지 침묵하는 것은 다른 문제였다. 마지막 범행 이후 13년이 흐른 2004년, 즉 BTK라는 정체를 30년 가까이 숨겼던 그는 사람들의 기억 속에서 BTK라는 이름이 서서히 흐려질 때쯤 다시 언론과 경찰에게 접촉하기 시작했다.

그해 한 지역 신문사에는 자신이 과거 살인을 저질렀다고 주장하는 편지가 도착했다. 이후에도 당시 범행 증거가 되는 사진과 자료를 보내며, 자신의 존재를 세상에 다시 드러내기 시작했다.

세상이 자기를 잊어가고 있다는 사실이, 13년간 유지해온 침묵보다 견디기 어려웠던 것이다. 이것은 기묘한 역설이다. 잡히지 않는 것이 완벽한 범죄의 조건이라면, 잡히지 않았다는 사실을 아무도 모르는 것도 완벽한 범죄의 조건이어야 한다. 그런데 레이더에게 아무도 모르는 완벽함은 완벽함이 아니었다.

그리고 놀랍게도 이 장기 미제 사건은 어처구니없을 만큼 단순한 디지털 흔적 하나에서 무너지기 시작한다. 레이더는 경찰에게 컴퓨터 디스크인 플로피 디스크를 사용해 소통하면 경찰에서 추적이 가능한지 물었다.

경찰은 지역 신문의 광고란을 통해 추적할 수 없다라고 답했다. 거짓말이었다. 그 말을 그대로 믿은 BTK는 결국 자신의 범행 정보와 퍼즐, 조롱이 담긴 플로피 디스크를 지역 방송국에 보냈다. 범행 정보와 조롱보다 진짜 문제는 그 안에 있던 디지털 흔적이었다. 수사관들은 디스크의 메타데이터를 분석했다.

그리고 그 안에서 'Dennis'라는 이름과 'Christ Lutheran Church'에서 문서가 작성되었다는 단서를 확보했다. 해당 교회 인물 명단에서 데니스 레이더라는 이름이 확인되기까지 오래 걸리지 않았다. 자신이 수십년동안 위치토의 공포를 통제하고 있다고 믿었던 이 살인마는, 정작 1.44메가바이트짜리 플로피 디스크 하나조차 통제하지 못했다.

아이러니라고 부르기엔 너무 허무하고, 실수라고 부르기엔 너무 필연적이다. 경찰에게 디스크가 안전한지 물어본 것 자체가, 이미 보내기로 결심한 뒤에 형식적으로 확인한 것에 가깝다. 답이 '안전하지 않다'였어도 보냈을 가능성이 높다. 보내지 않으면 아무도 읽지 못하기 때문이다.

2005년 2월 25일, 레이더는 자택 인근에서 체포되었다.

이 사건이 특히 인상적인 이유는 여기에 있다. BTK는 오랜 세월 수사기관을 피해 갔지만, 끝내 자신이 직접 다시 모습을 드러낸 순간부터 무너지기 시작했다. 완벽에 가까운 통제를 유지하던 사람이, 자신의 존재를 과시하고 싶은 욕구를 이기지 못해 이러한 행동을 보였고, 바로 그 어처구니 없는 행동이 체포로 이어진 것이다. 완전범죄를 꿈꾼 사람이 끝내 스스로 정체를 탄로한 것이다.

레이더는 의식적으로 돌아왔다. 언론과 경찰에게 편지를 쓰고, 소포를 보내고, 디스크를 건넸다. 자기가 아직 여기 있다고, 세상이 자기를 잊으면 안 된다고, 스스로 알린 것이다.

그렇다면 만약 본인조차 의식하지 못한 채 입이 열리는 경우는? 이와 비슷한 방식으로 스스로를 탄로한 또 다른 인물이 있다.

뉴욕의 마천루를 소유한 부동산 재벌 가문의 후계자, 로버트 더스트였다.

그의 이름표 뒤에는 늘 세 건의 굵직한 사건이 따라붙었다. 1982년 아내 캐슬린 실종, 2000년 오랜 친구 수잔 버먼 피살, 2001년 이웃 모리스 블랙 토막 유기. 특히 리스 블랙 토막 살인 사건에서는 그가 시신을 훼손해 유기했다는 명백한 증거가 있었음에도 불구하고, 그는 막대한 부를 이용해 미국 최고의 변호인단을 꾸렸고 정당방위를 주장하며 무죄 판결을 받아냈다고 알려져 있다.

그는 오랜 세월 여러 실종/살인 사건의 중심에 있었지만, 넘치는 돈과 치밀한 법률 대응으로 수십 년간 미국의 사법 시스템을 조롱하며 살아남은 것이다. 이제 그에게 필요한 건 데니스 레이더와 완벽하게 똑같았다. 그저 입을 굳게 닫고 남은 여생을 조용히 사는 것뿐이었다.

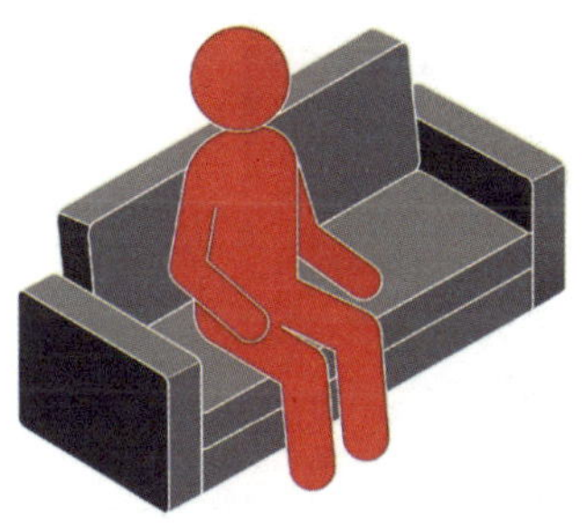

하지만 수십 년간 사법 시스템을 비웃었던 이 억만장자는 자신의 삶을 다룬 다큐멘터리, HBO 다큐멘터리 〈The Jinx〉[2015]에서 무너지기 시작한다. 변호사들은 필사적으로 이 다큐멘터리에 출연해 인터뷰하는 것을 말렸다고 전해진다. 당연한 일이다. 얻을 것은 없고 잃을 것만 있는 도박이었으니까.

하지만 더스트는 굳이 카메라 앞에 섰다. 그는 인터뷰 내내 무죄를 주장했지만, 마지막에서 흐름이 바뀌기 시작했다. 다큐멘터리 녹화 중, 제작진이 수잔 버먼 살해 현장에서 발견된 '익명의 편지'와 더스트가 과거에 보낸 편지의 필적이 소름 돋게 일치한다는 증거를 들이밀었다.

당황한 더스트는 눈을 매우 깜빡이기 시작하며 불안한 모습으로 변명을 늘어놓기 시작했다. 잠시 후 화장실을 다녀오겠다며 자리에서 일어났다.

그리고 그는, 자신의 옷깃에 무선 마이크가 여전히 켜져 있다는 사실을 완전히 잊어버린 채 화장실에 들어갔다. 바로 그때 녹음된 혼잣말은 전 세계에 큰 충격을 줬다. 널리 알려진 문장은 다음과 같다.

"내가 대체 무슨 짓을 한 거지?**What the hell did I do?** …

물론 그들을 다 죽였지. **Killed them all, of course.**"

아무도 듣지 않는다고 믿었던 사적인 공간에서, 수십 년을 버텨온 침묵이 혼잣말 한 마디로 새어 나온 것이다. 다큐멘터리 방영 직전 그는 체포되었으며 이 녹취록은 재판과 수사에서 결정적인 역할을 했다.

재판 과정에서 그의 녹취록이 다큐멘터리의 악의적 편집이라는 논란이 일어나기도 했으나, 결과적으로 그 녹음이 더스트에게 매우 불리한 자료로 작용했고, 결국 그는 이 자백을 계기로 재판에서 유죄를 받고, 2021년 9월, 가석방 없는 종신형을 선고받았다. 이후 유죄 판결을 받은 지 4개월 후인 2022년 1월, 감옥에서 생을 마감했다.

그렇다면 이 두 사건은 어떤 오류를 보여주는걸까? 레이더는 왜 돌아왔을까? 잡히고 싶었던 걸까? 아니다. 체포 후 심문 기록을 보면, 그는 자신이 잡힐 것이라고 전혀 생각하지 않았다. 플로피 디스크가 추적 가능하다는 사실을 몰랐고, 경찰이 "괜찮다"고 했을 때 그 말을 그대로 믿었다. 심지어 체포 직후 경찰이 자신을 속였다는 사실에 충격을 받고 분노를 표했다고 전해진다. 더스트는 왜 카메라 앞에 앉았을까? 아무도 강제하지 않았다.

완전범죄 - 완벽과 균열

변호사들이 말렸다. 수십 년간 돈의 힘으로 법정에서 빠져나온 남자가, 굳이 자기 이야기를 다큐멘터리로 만들겠다고 자청한 것이다. 두 사람의 상황은 정반대였다. 레이더는 아무도 자기를 찾지 않는 상태에서 돌아왔다. 더스트는 이미 세상의 주목을 받고 있는 상태에서 더 많은 주목을 자처했다.

레이더는 편지와 디스크라는 의식적인 행동으로 돌아왔다. 더스트는 화장실에서 무의식적으로 입이 열렸다.

하나는 잊히는 것이 두려웠고, 하나는 침묵하는 것을 참지 못했다. 방향은 달랐지만 도착지는 같았다. 이들은 오랫동안 범행을 숨기는 데는 성공했지만, 끝까지 입을 다물고 흔적을 지우는 데는 실패했다. 결국 자신들이 만든 비밀을 스스로 깨버린 것이다.

완전범죄는 결국 끝까지 조용히 사라져 있어야만 유지된다. 하지만 이들은 그러지 못했다. 자신이 벌인 일을 세상이 알아주길 바랐고, 자신이 얼마나 오랫동안 수사망을 피해 왔는지를 누군가는 봐주길 원했다. 혼자만 알고 있기에는 허영심이 너무 컸던 것이다. 관객이 없으면 자신이 이룬 범죄의 완성도 의미가 없다고 느낀 셈이다.

여기에 자신은 절대 실수하지 않을 거라는 자만까지 겹쳤다. 둘 다 자기가 상황을 다 통제하고 있다고 믿었지만, 정작 가장 기본적인 부분에서 무너졌다.

PART 3

물론 이들을 잡은 건 단순한 우연만은 아니었다. 그 뒤에는 오 랜 수사와 자료 분석이 있었다. 하지만 마지막 결정적인 실수는 결 국 본인들이 저질렀다.

형벌을 설계한 권력자들도, 감옥을 설계한 국가도, 누군가가 그 것을 봐야 했다. 범죄자도 다르지 않았다. 자신이 한 일을 아무도 모른다는 것. 아무도 두려워하지 않는다는 것. 아무도 기억하지 않 는다는 것. 인간은 이것을 견디지 못한다.

완벽한 범죄를 30년간 유지한 남자가, 세상이 자기를 잊어간다 는 사실 하나를 견디지 못해 스스로 돌아왔다. 수십 년간 법의 눈 을 피해온 억만장자가, 아무도 듣지 않는 화장실에서 자기 입으로 자기를 무너뜨렸다.

허영심이 모든 것을 집어삼킨 것이다. 아무도 몰라주는 완벽함 은, 이 두 괴물에게 완벽함이 아니었다.

완전범죄 - 완벽과 균열

02
알렉산드르
피추시킨
체스판에 갇힌 살인

살인은 목적을 위한 수단이 아니라, 채워야 할 패턴이 되었고, 강박은 끝내 멈춰야 할 순간조차 지워 버렸다.

완벽한 범죄에는 패턴이 없어야 한다. 흔적이 쌓이면 윤곽이 생기고, 윤곽이 생기면 추적이 시작된다. 하지만 이 남자는 범죄에 남아있는 패턴을 지우기는커녕, 스스로 만들어냈다. 살인에 번호를 매기고, 칸을 채우고, 형식을 부여했다. 죽이는 것만으로는 부족했다. 죽인 것을 정리해야 했다.

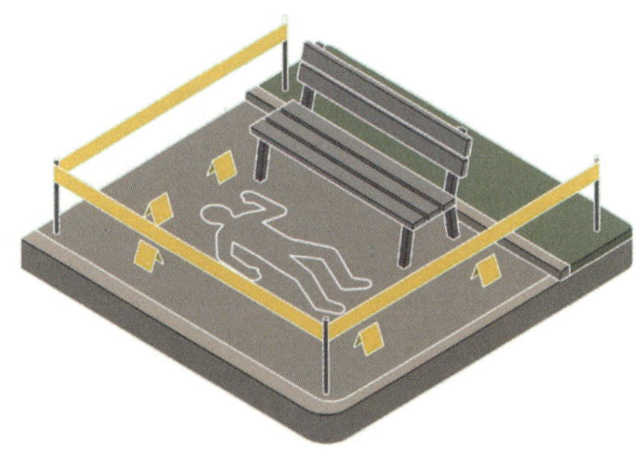

완전범죄 - 완벽과 균열

2005년 가을, 모스크바 외곽의 비차 공원에서는 시신이 하나둘 발견되기 시작했다. 처음에는 서로 관계없는 사건처럼 보일 수도 있었다. 넓은 공원 안에서 누군가가 죽은 채 발견되는 일, 그것만 놓고 보면 술로 인한 다툼이나 우발적인 폭력으로도 보일 여지가 있었다.

하지만 발견되는 사건들이 쌓일수록 이상한 공통점들이 눈에 들어오기 시작했다. 희생자들 가운데는 뒤통수를 둔기로 맞아 숨진 경우가 많았고, 몇몇 시신의 상처 부위에는 보드카 병이나 나뭇가지까지 꽂혀 있었다.

단순히 사람을 죽이고 달아난 흔적이라기에는 장면이 지나치게 기괴했다. 피해자들의 소지품이 그대로 남아 있는 경우도 있었다. 단순히 돈을 노린 범행이라면 설명되지 않는 부분이 많았다.

그때부터 시민들과 경찰도, 비차 공원에서 벌어지는 일이 평범한 범죄가 아니라는 사실을 더는 외면할 수 없게 됐다. 그리고 더 섬뜩한 점은, 이 연쇄살인이 그 시점에 갑자기 시작된 사건이 아니라는 점이었다. 사람들 눈앞에 드러난 것은 시작이 아니라, 오래전부터 반복돼 오던 범행이 뒤늦게 모습을 드러낸 결과에 가까웠다.

이 남자의 범행에는 이상할 만큼 일정한 규칙이 있었다. 그는 공원 주변의 노숙자나 노인처럼 저항이 약한 사람들에게 접근했고, 먼저 술을 권해 경계를 풀게 한 뒤 공격했다. 수법이 매번 완전

히 같았던 것은 아니다.

어떤 피해자는 하수구로 떨어뜨렸고, 어떤 피해자는 둔기로 머리를 가격했다. 그러나 중요한 것은 세부 방식의 차이가 아니었다. 그는 누구를 고를지, 어떻게 접근할지, 어느 공간으로 데려갈지를 이미 익숙한 순서처럼 반복하고 있었다.

몇몇 현장은 거기서 끝나지도 않았다. 피해자의 상처 부위에는 보드카 병을 밀어 넣는 식의 기괴한 흔적이 남아 있었다. 이쯤 되면 그의 범행은 단순한 살인을 넘어선다. 사람을 죽이는 것만으로는 끝나지 않았고, 범행 뒤에는 늘 자기만의 표식을 남기려는 듯한 집요함이 따라붙었다.

이 남자의 이름은 알렉산드르 피추시킨이었다. 그의 범행은 2000년대에 갑자기 생겨난 것이 아니었다. 알려진 바에 따르면 첫 살인은 1992년, 열여덟 살 무렵까지 거슬러 올라간다.

당시 그는 동급생 친구를 비차 공원으로 불러 함께 64명을 죽이자는 계획을 꺼냈고, 그 제안을 거절당하자 친구를 상대로 첫 범행을 저질렀다고 전해진다. 이후 한동안 공백기가 있었지만, 2001년부터 그는 다시 공원 일대로 돌아왔다. 검거 직전까지도 그는 보드카를 들고 공원을 찾아가 노숙자나 노인에게 접근했고, 술을 미끼로 비슷한 방식의 범행을 반복했다.

이 대목이 중요한 이유는 분명하다. 피추시킨의 범행은 순간적인 범행이 아니라, 시간이 지나도 되풀이되는 패턴에 가까웠기 때문이다. 한 번 시작된 충동이 아니라, 멈췄다가도 다시 같은 자리로 돌아오는 집착. 그 점에서 그의 범행은 잔혹함 이전에 이미 강박의 구조를 드러내고 있었다.

그를 무너뜨린 것은 경찰의 대대적인 잠복 수사나 쫓고 쫓기는 긴박한 추격전이 아니었다. 바로 마지막 피해자가 남긴 메모 한 장이었다. 2006년 6월, 피추시킨과 같은 직장 동료였던 마리나 모스칼료바는 집을 나서기 전 아들에게 누구를 만나 어디로 가는지 말해주었다. 그리고 피추시킨의 연락처를 함께 적어 두었다.

시간이 지나도 모스칼료바가 집에 돌아오지 않자 신고가 들어갔고, 경찰은 그 메모를 바탕으로 피추시킨의 존재를 확인했다. 이후 수색 과정에서 CCTV에서 두 사람이 함께 이동하는 장면까지 잡히면서 그는 빠르게 용의자로 좁혀졌다.

PART 3

BTK를 무너뜨린 것이 1.44mb짜리 플로피 디스크 한 장이었다면, 피추시킨을 무너뜨린 것은 메모 한 장이었다. 거창한 완전범죄를 꿈꿨을지 몰라도, 마지막에는 일상적인 기록 하나를 넘어서지 못한 셈이다.

체포 뒤 그의 자택을 수색하던 경찰은 체스판 하나를 발견했다. 64칸 가운데 63칸이 이미 무언가로 채워져 있었다. 그 위에 놓인 물건이 동전이었다는 보도도 있고, 병뚜껑이었다는 보도도 있다. 그러나 여기서 정말 중요한 건 물건의 종류가 아니다. 더 소름 끼치는 건, 그가 빈칸 하나하나를 희생자 한 명과 연결해 두고 있었다는 점이다.

그는 살인을 세고 있었다. 자신의 범행을 머릿속에만 남긴 것이 아니라 체스판을 점수판처럼 사용해 사건들을 정리하고 있었다.

이 행동으로 인해 언론에서는 '체스판 살인마'라고 불렸던 그는 자극적인 별명으로만 끝나지 않았다. 실제로 그 별명은 이 남자의 범행이 어떤 방식으로 움직였는지를 꽤 정확하게 드러낸다.

여기서 더 이상한 점이 드러난다. 자신의 범행을 숨기고 싶은 보통의 범죄자라면 자신이 남긴 흔적을 지우는 쪽으로 가야 한다. 그런데 피추시킨은 정반대로 움직였다. 그는 범행의 흔적을 세상에 과시하지는 않았지만, 자기만 알아볼 수 있는 방식으로 남겨두는 데 더 집착했다.

BTK(레이더)가 경찰이나 언론에 편지를 보내며 바깥 세상에 자신의 존재를 알리려 했다면, 피추시킨은 체스판이라는 사적인 점수판 안에 범행을 남겨두는 쪽에 가까웠다. BTK처럼 편지 맨 아래 부분에 세상을 향해 서명한 것이 아니라, 그저 자기 자신을 향해 서명한 셈이다. 그 차이는 작지 않다. 레이더가 '나를 봐 달라'는 쪽이었다면, 피추시킨은 '내가 한 일을 내가 확인해야 한다'는 쪽이었기 때문이다.

중요한 건 동전이냐 병뚜껑이냐가 아니라, 그가 칸을 사람 수로 세고 있었다는 점이다.

보통의 사람에게 체스판은 게임판이지만, 피추시킨에게 그것은 점수판에 더 가까웠다. 누군가를 죽였다는 사실만으로는 끝나지 않았고, 그 죽음을 빈칸 하나와 대응시켜야만 비로소 사건이 완성되는 방식처럼 보였다. 비차 공원에서 범행을 저지르고, 집으로 돌아와, 빈칸에 물건을 올려놓고, 다시 눈으로 확인하는 일. 이 마지막 절차까지 끝나야 그에게는 하나의 살인이 마무리됐다고 느꼈던 듯하다. 그래서 그의 범행에서 가장 소름 끼치는 부분은 살인의 잔혹성만이 아니다. 폭력에 굳이 형식을 부여하고, 그 형식이 완성되어야 안심하는 태도 자체가 더 기이하다.

바로 그 점에서 이 범행은 단순한 연쇄살인을 넘어, 일종의 수집처럼 보이기 시작한다. 수집가에게 중요한 것은 물건 자체만이 아니다. 그 물건이 전체 컬렉션 안에서 어느 자리를 차지하느냐가 더 중요하다. 우표 수집가에게 우표 한 장은 그냥 종이쪼가리일 수 있지만, 앨범의 빈칸을 채우는 순간 전혀 다른 의미를 갖는다. 피추시킨에게도 사람의 생명은 비슷했을지 모른다. 한 명의 죽음이 그 자체로 끝나는 것이 아니라, 체스판의 칸 하나를 채우는 순간에야 비로소 숫자로 정리되고 의미를 얻는 방식. 사람이 물건이 되고, 죽음이 수집품이 되는 순간이다. 강박이 가장 끔찍해지는 건

바로 여기다. 보통 강박은 손을 씻거나, 물건의 위치를 맞추거나, 문을 몇 번씩 확인하는 행동으로 떠오른다. 그런데 피추시킨에게 강박은 사람의 목숨이었다.

체포 뒤 법정에 선 피추시킨의 태도도 이 사건을 더 기묘하게 만든다. 그는 두려워하거나 부인하는 쪽이 아니었다. 오히려 기소되지 않은 11건까지 자신의 범행으로 포함해 달라고 요구했다. 살인 없는 삶은 음식 없는 삶과 같다고 말했고, 누가 살고 죽을지를 결정할 때는 신이 된 듯한 기분을 느꼈다고도 했다. 보통의 범죄자가 형을 줄이기 위해 애쓰는 자리에서, 그는 오히려 자기 범행의 숫자를 더 온전하게 인정받고 싶어 하는 쪽에 가까웠다.

2007년 10월 24일, 그는 처음 15년은 독방에서 지내야 하는 종신형을 선고받았다.

왜 피추시킨은 자신의 범행을 체스판이라는 형식을 사용했을까? 인간은 폭력을 행사할 때조차 그것을 아무 모양 없이 내버려두지 못하는 경우가 있다. 고대의 형벌은 잔혹함 위에 절차와 상징을 덧붙였고, 근대 국가도 사형을 집행할 때는 선고, 마지막 식사, 유언 같은 순서를 만들어 왔다. 피추시킨의 체스판을 그것과 같은 선상에 둘 수는 없다. 하지만 적어도 한 가지는 닮아 있다.

그는 폭력을 어떤 틀 안에 넣지 않으면 견디지 못했다. 그리고 결국 바로 그 강박이 그를 잡았다. 같은 공원, 같은 접근 방식, 같은 유형의 피해자, 같은 숫자 세기.

범행에 형식을 부여하는 집착이 경찰이 따라잡을 수 있는 윤곽이 되었던 셈이다. 피추시킨은 체스판의 칸에 잡힌 것이 아니다. 자기 자신의 강박에 붙잡힌 것이다.

03

바비 조롱

놓아준 손이 무너뜨린 통제

피해자를 풀어준 순간에도 그는 여전히 상황을 자기 손안에 두고 있다고 믿었지만, 바로 그 착각이 자신이 만든 통제의 구조를 무너뜨렸다.

지배하는 자는 항상 같은 착각에 빠진다. 놓아주는 순간이 올 수 없다고 믿는 것이다. 완벽한 통제란, 모든 변수를 쥐고 있다는 뜻이다. 피해자의 생사, 범행의 시간과 장소, 증거의 존재와 부재까지. 하지만 통제에 중독된 사람은 한 가지를 잊는다. 통제를 풀어

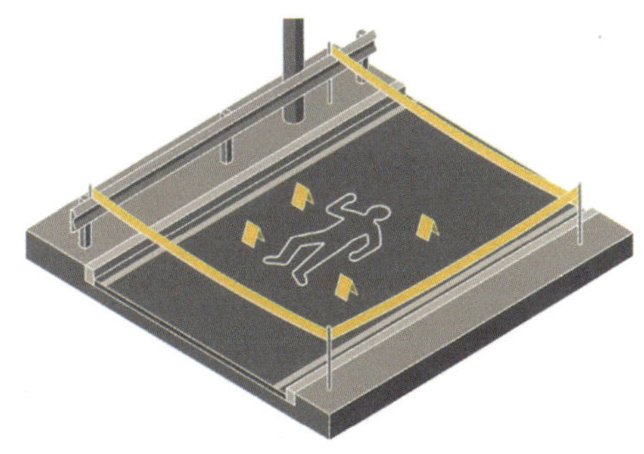

완전범죄 - 완벽과 균열

주는 것 역시 자기 몫이라는 사실을 말이다. 그리고 그 한 번의 풀어줌이 모든 것을 무너뜨릴 수 있다.

1984년, 미국 플로리다주 탬파베이 일대에서 여성들의 시신이 잇따라 발견되기 시작했다. 피해자들은 외딴 들판이나 도로변, 숲 속같은 곳에 버려져 있었고, 여러 사건에서 목 졸림 흔적이 반복됐다. 심지어 일부는 목이 베인 흔적도 있었고, 심한 폭행을 당한 경우도 있었다.

섬뜩한 건 시신이 계속 나온다는 사실만이 아니었다. 사건들 사이에 비슷한 점이 계속 드러나고 있었는데도, 수사기관은 아직 그걸 연결하지 못하고 있었다.

그렇게 수사기관은 연쇄 살인 사건들 사이에서 반복해서 나타나는 공통점을 추적하고 있었다. 그중 가장 중요했던 것은 붉은 나일론 섬유였다.

피해자 관련 증거물에서는 이 미세한 붉은 섬유가 여러 차례 확인됐고, 분석 결과 차량 내부 카펫에서 떨어져 나온 것일 가능성이 제기됐다. 수사기관 입장에서 이 증거는 중요한 단서인건 맞았다. 하지만 단서가 나왔다고 해서 바로 범인이 잡히는 것은 아니다.

붉은 섬유를 통해 범행에 사용된 자동차 차종을 좁히는 데는 도움이 됐지만, 결국 범인을 잡기 위해서는 그 차를 누가 몰았는지까지 밝혀야 했다.

하지만 그 답은 뜻밖에도 예상치 못한 곳에서 나왔다. 바로 연쇄살인 사건에서 죽은 사람이 아닌 살아남은 피해자의 진술에서 나온 것이다.

범인의 이름은 바비 조 롱이었다. 하지만 그는 1984년 살인과 관련해 갑자기 튀어나온 용의자가 아니었다. 연쇄살인사건이 시작되기 전에도 이미 성범죄와 관련된 전력이 있었고, 법원 기록에 따르면 신문 광고를 이용해 피해자들에게 접근한 사건이 확인된다. 그는 이미 위험 신호를 드러낸 적이 있는 사람이었다.

1984년, 롱은 탬파베이로 거처를 옮겨 근처 일대에서 범행을 저지르기 시작했다. 범행은 짧은 기간에 집중적으로 이루어졌다.

롱은 자신의 닷지 매그넘 차량을 이용해 피해자들에게 접근했다.

롱은 이곳에서 여성들을 차에 태운 뒤 자신의 아파트로 데려가 결박하고 성폭행한 뒤 살해했다. 그리고 시신을 외딴곳에 버렸다. 8개월 동안 최소 10명이 죽었다.

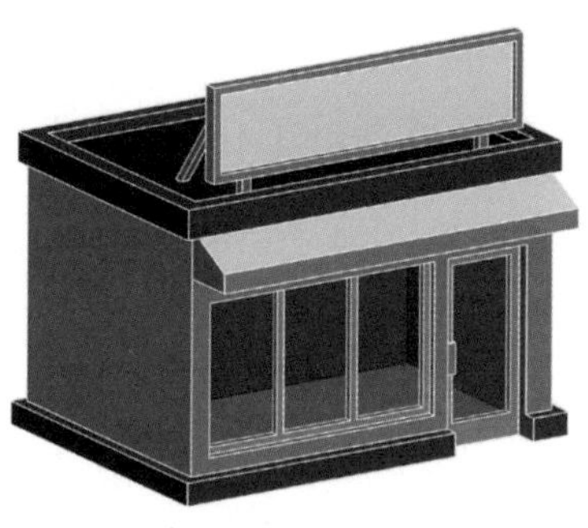

1984년 11월 3일 새벽, 17세의 리사 맥베이는 탬파의 도넛 가게에서 야간 근무를 마치고 자전거로 귀가하던 중이었다.

어두운 골목을 지나는 순간, 어둠 속에서 한 남자가 나타나 그녀에게 총기를 겨누었다. 범인은 그녀의 눈을 가리고 손을 묶은 채 차 안으로 끌어들였다. 그리고 여기서 사건이 바뀌기 시작한 순간이었다.

그녀는 떨지 않았다. 맥베이는 공포에 휩쓸리기보다, 당시 주변의 단서를 기억하는데 집중했다.

안대 아래로 보이는 차량 내부를 살피기 시작했고, 자동차의 대시보드에 'magnum'이라는 표기와, 차 내부의 가죽 시트, 붉은 카펫을 확인했다. 범인은 그녀를 아파트 건물 안으로 데려간 뒤 위층으로 올라갔고, 그 안에서 여러 차례 성폭행을 저질렀다. 숨이 막힐듯한 공포의 순간이었지만, 맥베이는 그 안에서도 단서를 놓치지 않으려 했다.

그녀는 살아남기 위해 범인에게 계속 말을 걸었다고 한다. 아버지가 아프다는 이야기를 꺼내 동정심을 자극하려 했고, 자신이 돌아가지 않으면 안 된다고 말하며 살려 달라는 쪽으로 대화를 끌고 갔다는 것이다. 심지어 비밀 연인이 되어주겠다는 말까지 했다고 전해진다.

또한 맥베이는 살아남지 못하더라도 자신이 그곳에 있었다는 흔적만큼은 남기려 했다고 한다. 화장실에 갈 때도 일부러 손이 닿는 곳을 만지며, 자신의 지문이 남기를 바랐다는 것이다.

다음날 새벽, 롱은 맥베이를 다시 차에 태워 이동했다. 그 과정에서 그녀는 근처의 건물들을 기억했고, 집 근처에 내려진 뒤 곧바로 경찰에 신고했다. 그 진술은 수사의 방향을 완전히 바꿨다. 붉은 섬유가 범인의 차를 가리키는 단서였다면, 맥베이의 기억은 그 차를 실제 범인과 연결한 진술이었다.

바비 조 롱 사건의 결정적인 균열은 바로 여기서 생겼다. 연쇄살인범이 처음으로 피해자를 죽이지 않고 풀어준 것이다.

롱은 왜 맥베이를 죽이지 않고 풀어줬을까. 맥베이의 동정심을 자극하는 말이 순간적으로 그의 판단을 흔들었을 수도 있다. 하지만 핵심은 다른 데 있다. 롱이 왜 그랬는지를 끝내 단정할 수는 없어도, 결과만 놓고 보면 이 장면은 바비 조 롱 사건에서 처음으로 통제가 어긋난 순간이었다.

그는 마지막까지도 피해자를 죽이는 것과 살려 보내는 것 모두 자기 선택이라고 여겼을 가능성이 크다. 피해자의 생사를 쥐고 놓는 일까지 전부 자신의 권한이라고 믿었을지 모른다. 그러나 그 판단은 틀렸다.

이 통제 안에 있다고 믿었던 그 소녀는, 풀려난 순간부터 정확히 그의 통제 밖에서 움직이기 시작했다. 맥베이는 곧바로 경찰에 신고했고, 차량의 표기와 실내 특징, 이동 중 본 단서들을 진술했다.

그 기억은 흩어져 있던 사건들을 하나의 방향으로 모으기 시작했다. 경찰은 그녀의 진술을 바탕으로 차량 정보와 이동 동선을 좁혀 갔고, 결국 1984년 11월 16일 롱을 체포했다. 이후 그의 차량에서 확보한 카펫 섬유는 피해자 관련 증거물에서 확인된 붉은 나일론 섬유와 일치한 것으로 확인됐다.

롱은 피해자를 풀어주면서도 여전히 자신이 통제하고 있다고 믿었을지 모른다. 하지만 바로 그 한 번의 풀어줌이, 그가 쌓아 올린 통제를 무너뜨렸다.

1985년 9월, 롱은 여러 건의 살인과 맥베이에 대한 납치·성폭행 혐의에 대해 유죄를 인정했다. 그는 다수의 종신형을 선고받았고, 미셸 심스 살인에 대해서는 사형이 확정됐다. 이후 오랜 항소 끝에도 결과는 바뀌지 않았고, 2019년 5월 23일 형이 집행됐다.

연쇄살인범은 체포됐고, 법정은 판결을 내렸고, 형은 집행됐다. 그렇다면 바비 조 롱은 어떻게 무너졌고, 어떤 오류를 범했던 걸까.

BTK의 균열이 허영심에 있었다면, 피추시킨의 균열은 강박에 있었다. 레이더는 잊히는 것을 견디지 못해 스스로 모습을 드러냈고, 피추시킨은 자기 안의 패턴을 끝까지 밀어붙이다가 오히려 그 패턴 때문에 붙잡혔다. 둘 다 자기 안에 있던 결핍 때문에 무너진 셈이다. 그런데 롱의 균열은 이들과 결이 조금 다르다. 롱의 경우,

그를 무너뜨린 건 과시욕도 아니고 반복 강박도 아니다. 그를 무너뜨린 건 자신이 끝까지 통제하고 있다고 믿은 감각에 더 가까웠다.

연쇄살인범에게 통제란 단순히 사람을 죽이는 기술이 아니다. 누구를 고를지, 언제 데려갈지, 어디서 범행을 저지를지, 시신을 어디에 버릴지, 어떤 흔적이 남고 어떤 흔적이 사라질지까지 전부 자기 손 안에 있다고 믿는 감각이다. 그리고 그 통제감은 점점 더 위험한 단계로 나아간다. 나중에는 피해자의 생사까지도 자기 선택이라고 믿게 된다.

피해자를 죽일지 살릴지, 공포를 보여주며 끝까지 쥐고 있을지 놓아줄지, 그 모든 것이 자기가 통제 가능한 권한이라고 생각하는 것이다. 바로 여기서 통제는 단순한 지배가 아니라 오만으로 변한다.

그러나 문제는 거기서 끝나지 않는다. 손에서 놓는 순간, 그것은 더 이상 자기 것이 아니다. 자기 선택으로 풀어줬다고 믿은 대상은, 풀려난 직후부터 전혀 다른 방향으로 움직이기 시작한다.

그래서 바비 조 롱 사건은 단순한 체포담을 넘어선다. 이 사건이 보여주는 건 잔혹함 자체보다도, 통제가 어떻게 무너지는가에 가깝다. 그는 여러 명을 죽이고도 버텼지만, 한 명을 살려 보내는 순간 스스로 균열을 만들었다. 통제를 포기해서 실패한 것이 아니다. 끝까지 통제하고 있다고 착각했기 때문에 실패한 것이다.

PART 3

이 사건에서 더 기묘한 건, 이미 위험 신호를 드러낸 적이 있는 인물을 끝내 막아내지 못했다는 점이다. 그는 완전히 무에서 갑자기 나타난 괴물이 아니었다. 연쇄살인이 시작되기 전에도 성범죄와 관련된 전력이 있었고, 위험한 방향으로 기울고 있다는 신호는 존재했다. 그런데도 그는 더 끔찍한 범행으로 넘어갔다. 결국 이 연쇄살인을 끝낸 마지막 계기는 경찰의 거대한 수사 기법이나 추격전이 아니라, 범인이 직접 풀어준 17세 소녀의 기억과 진술이었다.

허영심은 사람으로 하여금 스스로 모습을 드러내게 만들고, 강박은 같은 패턴을 끝까지 반복하게 만든다. 그렇다면 통제의 오류는 무엇인가. 통제의 오류는 내가 놓는 순간조차도 여전히 내 손안에 있다고 믿는 착각이다. 내가 살려 보내도, 내가 허락한 범위 안에서만 움직일 것이라고 믿는 착각이다. 바비 조 룽은 바로 그

완전범죄 - 완벽과 균열

착각 때문에 무너졌다. 그는 수사기관에 붙잡힌 것이 아니라, 자기
자신의 통제 착각에 붙잡힌 것이다.

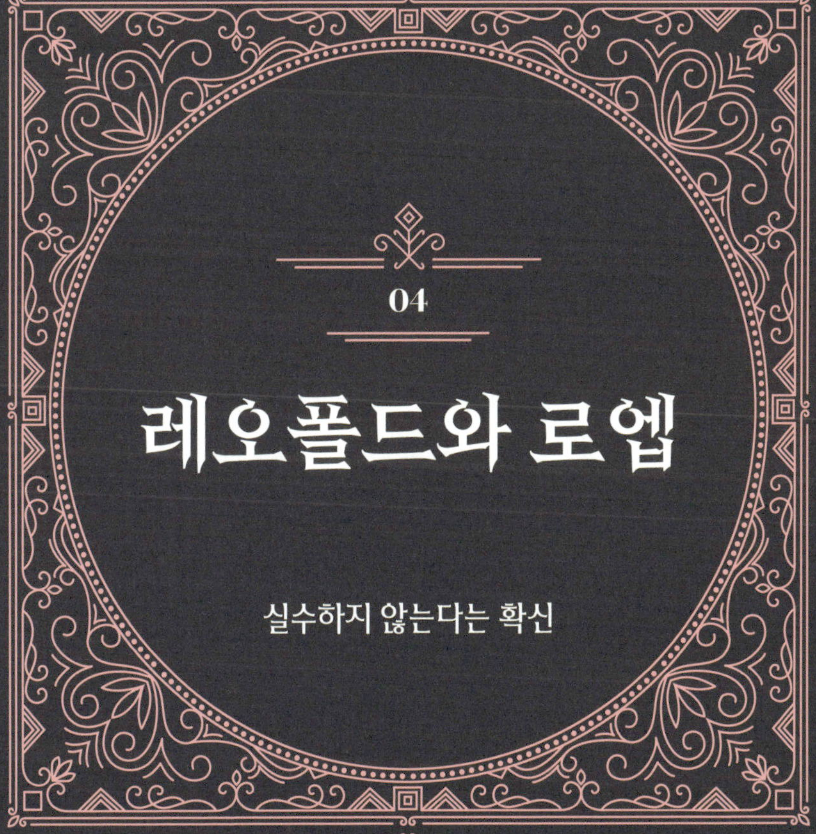

04

레오폴드와 로엡

실수하지 않는다는 확신

완벽한 범죄를 가능하게 한다고 믿었던 것은 치밀함이었지만, 실제로 그 계획을 무너뜨린 것은 자신들은 그런 실수를 하지 않을 것이라는 확신이었다.

완전범죄를 꿈꾼다면, 가장 먼저 경계해야 할 것은 경찰이 아니라 자기 자신일지도 모른다.

사람은 증거를 놓칠 수도 있고, 틀린 계산을 할 수도 있고, 예상하지 못한 실수를 할 수도 있다. 그런데 어떤 사람들은 그보다 먼저 더 위험한 착각에 빠진다. 자기는 애초에 그런 실수를 하지 않을 거라고 믿는다는 것이다. 그리고 바로 그 믿음이, 가장 기초적인 점검마저 멈추게 만든다.

1924년 시카고에서는 자신들이 법 위에 있다고 믿은 두 명의 대학생이 완전범죄를 설계했다. 하지만 그들이 놓친 것은 거창한 변수도, 경찰의 직감도 아니었다.

현장에 떨어진 안경 한 쌍이었다.

PART 3

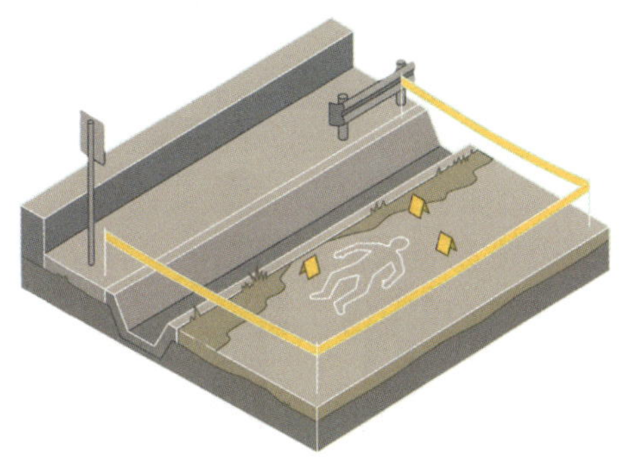

1924년 5월 22일 아침, 시카고 외곽의 배수로 근처에서 열네 살 소년의 시신이 발견됐다. 발견된 소년의 이름은 바비 프랭크스로 그의 아버지는 시계 회사를 운영하는 사업가였다. 시신의 얼굴에는 산이 뿌려져 있었다. 신원 확인을 어렵게 하기 위한 흔적으로 보였다. 이 범행은 단순히 아이를 죽이는 데서 멈추지 않았다. 범인은 아이가 누구인지 곧장 알아보지 못하게 만들고 싶어 했다.

같은 날, 프랭크스 가족에게는 몸값을 요구하는 편지가 배달됐다. 아이를 구하고 싶다면 만 달러를 요구하는 내용이었다. 하지만 편지가 도착하기 전에 안타깝게도 프랭크스는 시신으로 먼저 발견됐다. 그리고 경찰은 사건 현장 근처에서 안경 하나를 찾았다. 프랭크스는 안경을 쓰지 않았다.

처음에는 그것이 사건 전체를 뒤집을 물건처럼 보이지는 않았을 것이다.

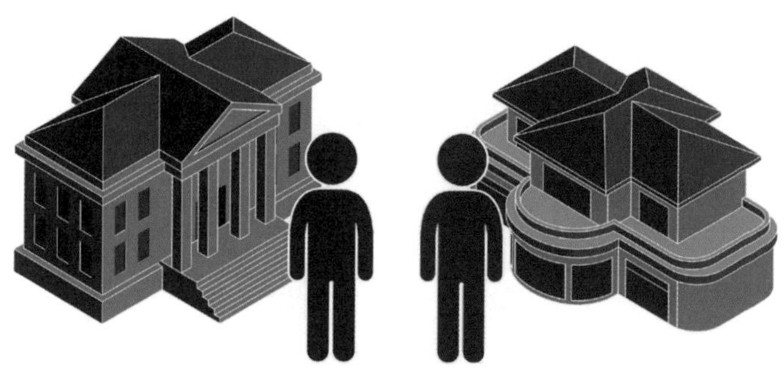

범죄자인 레오폴드는 당시 시카고대에서 법학 수업을 듣고 있었고, 매우 지적인 청년으로 알려져 있었다. 또한 유복한 가정에서 자란 인물이기도 했다. 그런데 여기서 더 놀라운 점이 있다. 이 범행은 레오폴드 혼자 벌인 일이 아니었다는 것이다. 그는 몇 달 전부터 다른 한 사람과 함께 이 범행을 준비하고 있었다. 그 인물이 열여덟 살의 리처드 로엡이었다.

로엡은 시어스 로벅 경영진 가문의 아들이었다. 로엡과 레오폴드 두 가문 모두 당시 시카고에서도 손꼽히는 부유한 집안이었다.

이들은 그렇게 납치와 살인, 몸값 요구까지 하나의 계획으로 묶어 준비하고 있었다. 피해자는 끝까지 특정하지 않은 채, 유복한 집안의 소년을 대상으로 삼기로 했다. 또한 이들은 가명을 사용해 렌터카를 빌릴 준비를 했고, 범행에 필요한 물건들도 미리 마련했다. 몸값 요구 편지와 수령 절차, 시신을 숨기는 방식까지 사전에 구상해 둔 상태였다.

완벽한 계획범죄였다.

∧ ∨ ∧ ∨ ∧

1924년 5월 21일 오후, 레오폴드와 로엡은 빌린 차를 타고 시카고 켄우드 일대를 돌아다니며 대상을 물색했다. 피해자는 그날까지 미리 정해둔 상태가 아니었다. 그러다 로엡이 길을 걷고 있던 바비 프랭크스를 발견했고, 차 쪽으로 불러 세웠다.

여기서 또 하나 놀라운 점이 있다. 바비 프랭크스와 로엡은 아무 관련 없는 사이가 아니었다. 그는 로엡의 먼 친척이었고, 로엡 가족과도 어느 정도 알고 지내는, 서로 얼굴을 아는 사이였던 것이다. 프랭크스는 처음에는 집이 가까워 거절했지만, 로엡이 같이 테니스 라켓 이야기를 꺼내며 잠깐만 타라고 하자 프랭크스는 차에 올라탔다.

차가 골목을 벗어나 방향을 틀자마자 공격이 시작됐다. 프랭크스는 차 안에서 계속 맞았고, 곧 뒷좌석으로 끌려가 입에 천이 밀어 넣어졌다. 두 사람은 시신을 차 안에 둔 채 남쪽으로 이동했고, 해먼드 근처에서 어두워지기를 기다렸다. 이후 울프 레이크 인근의 배수관으로 가 시신을 담요에 옮겨 실은 뒤 끌고 갔고, 옷을 벗기고 산을 부어 신원 확인을 어렵게 만든 다음 배수관 안에 밀어 넣었다.

시신을 숨긴 뒤 현장을 떠나는 과정에서 레오폴드의 코트 주머니에서 안경이 떨어졌고, 두 사람은 그것을 알아차리지 못했다. 그리고 그 안경이 이 사건의 결정타가 된다.

현장에서 떨어진 안경을 확보한 경찰은 범인을 추적하기 시작했다. 안경을 조사한 결과 이 안경은 어디에서나 볼 법한 흔한 물건이 아니었다. 이 안경은 도수와 프레임 자체는 평범했지만, 다리와 앞테를 잇는 특허 경첩이 독특했다.

수사 과정에서 이 특허 경첩이 달린 안경을 판매한 곳은 시카고에서 단 한 곳뿐으로 밝혀졌다. 바로 앨머 코 안경점이었다. 그리고 그 안경점에서 이 특허 모델을 구매한 사람은 시카고 전체에서 단 세 명이었다. 구매자 세 명의 명단을 확보했다. 그중 한 명이 레오폴드였다.

5월 29일, 쿡 카운티 검사 로버트 크로는 레오폴드를 라살 호텔로 불러 조사했다. 공개적인 경찰서 대신 고급 호텔이 선택된 것은, 기자들의 눈에 띄지 않은 채 조사를 진행하기 위해서였다.

검사가 안경에 대해 묻자 레오폴드는 그것이 자기 것처럼 보인다고 하면서도, 우연히 잃어버렸을 것이라고 답했다. 또한 레오폴드는 범행 당일 밤 로엡과 함께 차를 몰고 다니며 여자들을 만나러 다녔다고 진술했고, 로엡도 같은 취지의 알리바이를 맞췄다. 하지만 레오폴드 집안 운전기사가 그날 밤 차가 차고에서 나가지 않았다고 증언하면서 그들의 알리바이가 무너지기 시작했다.

수사 과정에서는 그들이 작성했던 몸값 요구 편지의 타자기가 휴대용 언더우드 타자기로 작성된 것으로 파악됐다. 이후 레오폴드 측에서 사용하던 타자기가 동일하게 사용된 정황이 드러나면서, 수사는 두 사람쪽으로 더 좁혀졌다. 결국 로엡이 먼저 자백했고, 이어 레오폴드도 자백했다. 살인 10일 만이었다.

여기서 먼저 눈에 띄는 점이 있다. 우리가 보통 떠올리는 살인의 동기가 잘 보이지 않는다는 것이다. 돈이 급했던 것도 아니었다. 두 사람 모두 부유한 집안 출신이었고, 피해자 개인에게 깊은 원한이 있었던 것으로도 보이지 않는다. 오히려 피해자는 로엡의 먼 친척이었고, 같은 동네에 사는 소년이었을 뿐이다. 살해 동기도 공식적으로 확인되지 않았다.

그렇다면 왜 죽였을까. 두 사람은 자백에서 그 이유를 직접 밝혔다. 완전범죄를 실행해보고 싶었다는 것이다. 이들의 목적은 단순한 살인이 아니었다. 살인을 저지른 뒤에도 끝까지 잡히지 않는 것이 목적이었다.

하지만 자백한 두 사람의 태도가 이 사건을 더 기묘하게 만든다. 두 사람은 후회하지 않았다. 범행의 세부 사항을 수사관들에게 상세히, 거의 자랑하듯 설명했다. 검찰과 언론에 자신들이 어떻게 범행을 계획하고 실행했는지를 줄줄이 늘어놓았다. 그 태도는 후회보다는 과시에 가까워 보였다.

역사학자 폴라 파스는, 두 사람이 범행 장면을 직접 보여주듯 설명하며 거의 자랑꾼처럼 행동했다고 묘사했다고 전해진다. 하지만 이건 앞서 설명한 BTK나 로버트 더스트의 허영심과는 다르다.

BTK는 잡히지 않은 상태에서 세상이 자기를 잊어가는 것을 견디지 못해 돌아왔다. 관객이 필요했다. 잡힌 뒤가 아니라 잡히기 전에 과시가 작동한 것이다. 레오폴드와 로엡은 반대다. 범행 전에 아무에게도 드러내지 않았다. 또한 자신을 봐줄 관객이 필요하지 않았다. 자기들끼리 증명하면 그만이었다.

이들의 문제는 과시가 아니었다. "우리는 틀리지 않는다"는 전제였다. 그 전제가 안경을 확인하지 않게 만들었다. 아이러니가 여기 있다.

레오폴드와 로엡은 몇 달에 걸쳐 범행을 설계했다. 가명을 만들었고, 가짜 신분을 사용해 렌터카를 빌렸고, 산을 준비했고, 몸값 수령 동선까지 짰다.

범행의 계획은 누구보다 정교했다. 하지만 안경을 주머니에 넣고 시신을 운반했다는 가장 기본적인 사실을 확인하지 않았다. 그들은 실수할 수 있다는 가능성 자체를 계산에 넣지 않았기 때문이다.

범행의 모든 단계를 설계할 수 있는 머리를 가졌지만, 소지품 하나 떨어뜨려 덜미를 잡힌다는, 자기들은 그런 아주 작은 실수를 하는 부류가 아니라고 믿었으니까 말이다.

앞의 세 사건과 비교하면 구조가 더 선명해진다.

BTK 레이더와 로버트 더스트의 균열은 범행 이후에 작동했다. 잡히지 않은 상태를 유지할 수 있었는데, 세상이 자기를 잊어가는 게 싫어서 돌아온 것이다. 허영심이 의식적으로 그리고 무의식적으로 밖으로 향한 욕구였다.

피추시킨의 균열은 범행 도중에 작동했다. 죽이는 것만으로는 끝나지 않았고, 체스판의 칸을 채워야 비로소 마무리된다고 느꼈다. 강박이 안으로 향한 형식이었다.

바비 조 롱의 균열은 범행의 마지막 단계에서 작동했다. 죽일 수 있었는데 풀어줬고, 풀어준 피해자가 경찰에 신고했다. 상대방을 통제할 수 있다는 착각이었다.

레오폴드와 로엡의 균열은 범행 이전부터 깔려 있었다. 설계 단계에서 이미 작동하고 있었다. 자기들은 실수하지 않는 존재라는 전제가 범행의 출발점이었고, 바로 그 전제 때문에 무너졌다.

허영심은 범행 이후의 욕구이고, 강박은 범행 도중의 형식이고, 통제는 범행 마지막의 착각이다. 우월감은 범행 이전의 전제다. 그래서 가장 먼저 시작되고 가장 늦게 발견된다.

1924년 7월 21일, 쿡 카운티 형사법원에서는 두 사람에게 어떤 형을 내릴지를 정하는 절차가 시작됐다.

사건의 변호를 맡은 변호사는 이 사건을 배심원 앞에서 무죄 다툼으로 끌고 가지 않았다. 두 사람에게 유죄를 인정하게 한 뒤, 형을 정하는 판단을 판사에게 맡기는 쪽을 택했다.

당시 극악무도한 범죄를 저질러 들끓는 여론 속에서 배심원보다는 판사 한 사람에게 맡기는 편이 사형만은 피할 가능성이 더 크다고 판단했다.

그렇게 한 달 넘게 절차가 이어진 끝에 캐벌리 판사는 판결을 내렸다. 1924년 9월 10일, 두 사람에게 살인에 대해서는 종신형, 유괴에 대해서는 추가 99년 형이 선고됐다. 사형은 면했다.

판사는 그 이유로 피고인들의 젊은 나이를 들었다. 젊은 나이를 이유로 든 것은 어리니까 용서한다는 뜻이 아니었다. 당시에는 유죄를 인정한 미성년자에게 사형을 내리는 전례가 거의 없었고, 캐벌리도 두 사람이 아직 완전히 성숙한 성인이라고 보지 않았다. 그래서 사형 대신 종신형이 선택됐다. 그렇게 레오폴드와 로엡은 교도소로 수감되었다.

로엡은 1936년 1월 교도소에서 다른 수감자의 공격으로 사망했다. 서른 살이었다. 레오폴드는 1958년 가석방됐고, 1971년 8월 29일 사망했다. 예순여섯 살이었다.

우월감의 오류는 이런 구조다. 자신은 틀리지 않는다고 굳게 믿는 순간, 틀릴 가능성 자체를 계산에서 지워버린다. 레오폴드와 로엡은 범행의 큰 구조를 정교하게 짤 수 있었다. 하지만 안경이 주머니에서 빠질 수 있다는, 누구나 한 번쯤 겪을 법한 가장 평범한 사고는 끝내 계산에 넣지 못했다.

이건 단순히 지능의 문제가 아니다. 전제의 문제다.

"나는 그런 실수를 하는 사람이 아니다"라는 믿음. 누구에게나 있다. 이런 오류는 낯선 것이 아니다. 시험을 잘 봤다고 확신한 뒤 답안지 이름을 확인하지 않는 일, 내 설계가 완벽하다고 믿은 뒤 기초 테스트를 건너뛰는 일, 우리 시스템은 흠잡을 데 없다고 선언한 뒤 가장 단순한 빈틈을 놓치는 일이 모두 같은 구조 안에 있다.

챕터 1에서 형벌의 설계자들이 "이 절차는 완벽한 정의의 실현이다"라고 믿었을 때, 챕터 2에서 ADX의 설계자들이 "이 격리는 흠잡을 데 없다"고 결론 내렸을 때, 작동한 것도 같은 회로다.

완벽하다는 확신이 점검을 멈추게 하고, 점검이 멈춘 자리에서 가장 단순한 균열이 시작된다. 몇 달을 들여 완전범죄를 설계한 두 명의 청년은 10일 만에 잡혔다.

범죄 현장에 남은 안경은 그 오류가 어디서 시작되는지 보여주는 흔적이었다.

완전범죄를 꿈꾼 사람들은 저마다 다른 방식으로 무너졌다. 누군가는 잊히는 것을 견디지 못했고, 누군가는 자기 안의 패턴을 멈추지 못했고, 누군가는 끝까지 상대를 쥐고 있다고 착각했고, 누군가는 애초에 자신은 실수하지 않는 존재라고 믿었다. 여기서 드러난 것은 개인의 일탈만이 아니다. 인간이 어떤 구조를 설계할 때 반복해서 빠지는 오래된 오류들이다.

자기 통제력에 대한 과신, 상대를 예측할 수 있다는 착각, 완벽하다는 확신, 그리고 작은 균열쯤은 끝내 스스로 덮을 수 있으리라는 믿음. 이런 오류는 범죄자 개인에게만 나타나는 것이 아니다. 앞서 형벌과 감옥에서도 보았듯, 국가는 내부 질서를 유지하기 위해 만든 장치들 안에서 이미 같은 착각을 반복해 왔다.

이제 남은 것은 그 바깥이다. 국가가 자기 안의 사람들을 다루는 데서 멈추지 않고, 국경 너머의 적과 전장을 상대로 설계를 확장할 때, 그 오래된 오류는 훨씬 더 큰 규모와 훨씬 더 돌이키기 어려운 결과로 나타난다.

전쟁 무기

해답과 재앙

인간은 왜 전쟁에서 늘 더 정교한 무기를 만들려 할까.

왜 적을 막고, 태우고, 무너뜨리고, 드러내기 위해 점점 더 복잡한 장치와 계산을 설계하게 되는 걸까.

전쟁 무기는 언제나 분명한 목적에서 출발한다. 더 빨리 이기기 위해서, 더 적은 희생으로 승리하기 위해서, 더 확실하게 상대를 제압하기 위해서다. 하지만 실제 전장에서는 그 계산이 설계도 위에 머무르지 않는다.

바람과 지형, 동물과 인간, 정치와 시간이 끼어드는 순간, 무기는 종종 설계자의 의도와 전혀 다른 결과를 만들어 낸다.

이 장에서 보게 될 무기들은 단순히 기괴한 실패작들이 아니다.

그것들은 인간이 승리를 설계하려 할 때 어디에서 가장 크게 오판하는지를 보여주는 기록이다.

PART 4

01
판젠드럼
거대한 문제, 거대한 착각

문제가 압도적으로 커 보일수록, 인간은 해답 역시 같은 크기로 밀어붙이면 된다고 믿기 쉽다. 판젠드럼은 그 과감함이 얼마나 쉽게 착각으로 바뀌는지를 보여준다.

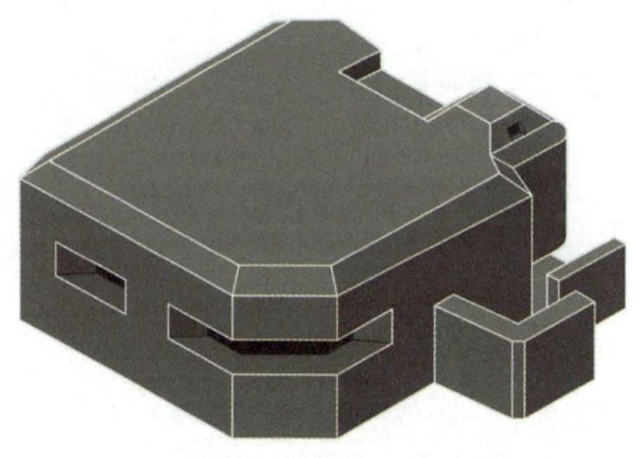

당신이 지금 전쟁 무기를 설계하는 엔지니어라고 생각해보자.

당신 앞에는 당장 풀어야 할 급한 문제가 하나 있다. 적이 해안으로의 침입을 막기 위해 해안선에 거대한 콘크리트 방어벽을 세워 놨다. 나치독일의 대서양 방벽이다.

부숴야 하는 건 콘크리트 벽 하나인데, 진짜 문제는 그 벽까지 가는 길이다. 펼쳐진 해변에는 지뢰가 묻혀 있고, 위에서는 기관총 진지가 해안선을 내려다보고 있다. 그리고 해안선의 거의 모든 곳에 철조망까지 겹겹이 엉켜있다. 방어벽을 뚫기 위해 사람이 폭약을 들고 뛰어가면 벽에 닿기도 전에 죽는다. 그렇다면 방법은 하나다.

사람 없이, 벽을 폭파시킬 수 있는 폭약을 저 벽까지 보내야 한다. 당신이라면 어떤 무기를 설계하겠는가? 정면으로 돌파하여 벽으로 접근하는 방법이 막히면, 설계자의 사고도 조금씩 이상한 방향으로 밀린다.

차량은 지뢰밭에서 멈출 수 있고, 병사는 기관총 앞에서 쓰러질 수 있다. 그렇다면 남는 건 폭약이 스스로 해변을 건너가게 만드는 방법뿐이다. 평소라면 웃어넘겼을 발상도 이런 순간에는 진지한 해결책처럼 보인다. 크고 무거운 폭약을 바퀴에 싣고, 로켓으로 굴려 적의 방어선까지 굴려 보내는 것. 판젠드럼은 바로 그런 생각에서 나왔다.

판젠드럼은 두 개의 거대한 바퀴를 중앙 드럼으로 연결한 장치였다. 바퀴 둘레에는 로켓을 장착한 뒤, 바퀴의 로켓을 점화하면 그 추진력으로 장치 전체가 해변을 가로질러 앞으로 굴러가게 만드는 원리였다.

두 바퀴 사이에는 폭약을 실어 넣었다. 빠른 속도로 폭약이 담긴 바퀴 장치는 그렇게 콘크리트 벽에 부딪히게 되면, 그 충격으로 폭약이 폭발하게 되어 벽에 전차와 병사들이 밀고 들어갈 수 있는 구멍을 뚫겠다는 설계였다.

사람이 폭약을 짊어지고 기관총 사격과 지뢰밭을 통과할 수 없다면, 차라리 폭약만 스스로 굴러가게 만들자는 것이다. 구조만 놓고 보면 발상은 놀랄 만큼 직선적이고 논리에 빈틈이 없었다. 하지만 이것은 수많은 변수들을 하나씩 해결한 것이 아니라, 그 변수들을 한꺼번에 건너뛰려 했다. 벽까지의 돌파가 어렵다면 돌파 과정을 생략하고 벽 앞까지 곧장 폭발물만 보내겠다는 발상. 적어도 설계도면 위에서는 이보다 더 괜찮은 해결책도 없어 보였을 것이다.

흥미로운 건 이런 발상이 허공에서 떨어진 것이 아니라는 점이다. 판젠드럼을 만든 곳은 영국 해군성 산하의 잡무기개발국, DMWD였다.

이름만 들으면 별별 괴상한 실험이나 하던 부서처럼 느껴질 수 있지만, 이 조직은 전쟁 중 실제로 의미 있는 무기와 장비 개발에도 참여했던 곳이다. 이들이 설계한 이 무기는 엉뚱한 무기가 아니라, 전쟁의 압박 속에서 최고로 유능했던 엔지니어들이 머리를 싸매고 만들어낸 매우 진지한 해결책이었다.

판젠드럼의 첫 시험은 1943년 9월 7일, 영국 남서쪽 데번의 해안 마을 웨스트워드 호^{Westward Ho!}에서 진행됐다. 원래부터 해변 휴양지로 알려진 장소였다. 바로 그 점이 이 무기의 성격을 잘 보여준다. 판젠드럼은 대서양 방벽의 해변 방어선을 뚫기 위해 구상된 장치였고, 결국 시험도 실제 해변을 벗어날 수 없었다.

연합군의 유럽 상륙 작전은 서서히 다가오고 있었고, 영국은 해변을 가로질러 적의 방어선에 닿을 수단을 서둘러 찾고 있었다.

판젠드럼은 그런 압박 속에서 굴러가기 시작했다. 그렇게 첫 시험은 조심스럽게 시작됐다. 폭약 대신 같은 무게의 모래를 싣고, 로켓도 소수만 장착한 상태에서 해변 시험이 이뤄졌다.

문제는 곧 드러났다. 점화된 판젠드럼은 로켓의 추진력으로 해변을 향해 굴러가기 시작했다. 처음에는 방향이 맞았다.

그런데 로켓 몇 개가 점화에 실패하면서 양쪽의 추진력의 균형이 깨졌고, 판젠드럼은 방향이 틀어져 엉뚱한 곳으로 굴러갔다.

판젠드럼은 의도한대로 굴러가지 못했다. 첫 번째 시험 이후 DMWM는 판젠드럼을 쉽게 포기하지 않았다. 안정성을 높이기 위해 세번째 바퀴를 장착해 시험해보기도, 강철 케이블을 양쪽 축에 연결해 방향을 제어하는 방식도 시도했다. 로켓 수를 늘린 시험도 시도했다. 하지만 결과는 비슷했다. 효과가 없었다.

시간이 흘러갈수록 DMWD 부서는 생각해낼 수 있는 모든 변수를 바꿔가며 시험을 반복했다. 하지만 시험이 반복될수록 판젠드럼은 직선으로 안정적으로 주행하는 장치라기보다, 일단 적 방향으로 밀어 넣는 장치에 가까워지는 듯 했다.

그리고 1944년 1월, 판젠드럼은 후반 시험 단계에 들어갔다. 이번에는 고위 장교들과 과학자들이 모였다. 이 프로젝트를 상륙작전에서 실제로 사용하게 될지 가늠하는 마지막 단계의 시험이었다.

1977년 다큐멘터리 프로듀서 브라이언 존슨은 The Secret War에서 마지막 시험을 거의 재난 장면처럼 묘사한다. 다큐멘터리에 따르면 처음에 판젠드럼은 잘 굴러가는 듯 보였다.

하지만 어느덧 판젠드럼이 통제를 잃기 시작했고, 판젠드럼의 방향이 간부들이 위치한 곳으로 굴러가게 되어 시험을 지켜보던

간부들까지 곧바로 피신했다고 전해진다. 이 마지막 시험 이후, 이 어처구니 없는 프로젝트는 폐기되었다.

1944년 6월 6일, 연합군은 판젠드럼 없이 노르망디 해안에 상륙했다. 약 15만 명 이상의 병력이 투입되었고, 첫날 수많은 사상자를 내며 큰 희생이 뒤따랐다. 판젠드럼 없이 대서양 방벽은 뚫렸다. 하지만 그 대가는 결코 작지 않았다.

도대체 어디서부터 계산이 틀어진 것일까. 판젠드럼의 설계 논리를 다시 따라가 보자.

1톤의 폭약을 벽에 갖다 대야 한다. 맞다. 사람이 직접 들고 가면 죽는다. 맞다. 그렇다면 사람 대신 무언가가 해변을 건너야 한다. 여기까지도 맞다. 문제는 그 '무언가'로 로켓 추진 바퀴를 선택한 순간부터 시작된다.

이런 장치가 곧게 나아가려면 양쪽 바퀴의 추진력이 끝까지 비슷하게 유지돼야 한다. 그런데 판젠드럼은 그 조건을 지나치게 많은 로켓과 지나치게 큰 운동에 기대고 있었다. 실제 시험에서 드러난 것도 바로 그 점이었다. 로켓이 흩어지거나 장치의 균형이 조금만 흔들려도, 판젠드럼은 목표를 향해 나아가는 무기라기보다 방향을 잃고 엉뚱한 쪽으로 튀는 위험물에 가까워졌다.

DMWD는 이 문제를 고치기 위해 로켓 수를 늘리고, 세 번째 바퀴를 달고, 케이블까지 연결했다.

하지만 그 보완들은 근본적인 문제를 해결하기보다, 처음의 불안정한 발상을 다른 방식으로 붙들어 두려는 시도에 가까웠다. 판젠드럼의 실패는 폭발력이 부족해서가 아니었다. 너무 많은 조건이 동시에 맞아야만 제대로 굴러갈 수 있는 장치였다는 데 있었다.

바로 그 점이 오히려 중요하다. 이 프로젝트의 문제는 사람들의 수준이 낮아서가 아니라 이 프로젝트가 태어난 환경에 있었다.

그렇다면 왜 이 사람들은 판젠드럼의 한계를 보지 못했을까?

그들이 바보여서가 아니다. DMWD에는 당대 영국의 우수한 기술 인력이 모여 있었다. 이들이 만든 다른 무기들은 실제 전장에서 효과적으로 작동했다.

대서양 방벽을 뚫을 방법이 필요했다. 시간은 촉박했다. 상륙

작전의 일정은 다가오고 있었고, 해변에서 병사들이 죽어가는 장면은 누구나 예상할 수 있었다.

이런 압박 속에서는 평소라면 무리수로 보였을 발상도 쉽게 버리기 어려워진다. 실제 시험이 거듭될수록 판젠드럼의 불안정성은 명백하게 드러났지만, 그들의 질문은 '이 접근이 처음부터 잘못된 것 아닌가'보다 '이 접근을 어떻게든 살릴 수는 없는가' 쪽으로 기울어 갔다.

로켓 수를 늘리고, 바퀴를 더 달고, 케이블을 연결하는 식의 보완이 반복된 것도 그 때문이었다. 판젠드럼이 보여주는 건 단순한 기술 실패가 아니다. 전쟁의 압박과, 뒤로 돌아가 다시 처음부터 시작하기엔 이미 투입된 시간과 노력과 기대가 너무 컸기 때문이었다.

이것이 판젠드럼에서 드러나는 인간의 오류다.

∧∨∧∨∧

문제가 크고 급할수록, 인간은 해결책도 그만큼 과감해야 한다고 믿는 경향이 있다. 거대한 위협 앞에서는 거대한 대응이 필요하다는 직관이다. 해변을 가로막는 거대한 방어선 앞에서, 사람들은 결국 거대한 로켓 바퀴를 굴려 보내는 발상에까지 도달했다.

전쟁 무기 - 해답과 재앙

하지만 해결책의 크기가 문제의 크기를 닮아 갈수록, 의외의 새로운 문제들이 생겨나기 시작한다. 판젠드럼이 그랬다.

해결책 위에 해결책을 쌓아 올렸지만, 처음의 전제는 끝내 다시 묻지 않았다. 정말 이 방식이 맞는가. 판젠드럼의 실패는 기계 하나가 고장 났다는데 있지 않았다. 처음의 발상을 포기하지 못한 채, 그 불안정을 살리려고자 실패를 연장했다는 데 있었다.

이런 패턴은 전쟁터에서만 나타나는 것이 아니다. 앞선 챕터 2의 ADX 플로렌스도 비슷한 구조를 보여준다. 탈출과 폭동, 조직화의 가능성을 모두 차단하기 위해 인간 사이의 접촉 자체를 건축적으로 줄여 버린 설계. 문제를 강하게 통제할수록 해답도 더 극단적이어야 한다는 믿음이었다. 그 설계는 통제라는 목표에는 가까이 갔지만, 동시에 새로운 문제를 낳았다.

판젠드럼도 마찬가지다. 문제를 해결하려는 과정에서, 해결책 자체가 원래 문제보다 더 위험한 존재가 되는 순간이 온다.

사람을 기관총과 지뢰의 위험에서 빼내기 위해 만든 무기였지만, 통제를 잃는 순간 그 거대한 바퀴는 적보다 먼저 주변을 위협하는 물체가 된다.

판젠드럼은 끝내 실전에 쓰이지 못했다. 대서양 방벽은 다른 방식으로 뚫렸다. 결국 거대한 방벽을 뚫은 것은 거대한 해결책이 아니라, 실제로 통제할 수 있는 작은 수단들이었다. 판젠드럼이 남긴

건 무기 하나의 실패가 아니다. 문제를 크게 볼수록 해답도 커져야 한다고 믿는 순간, 해결책은 종종 스스로 또 하나의 위협으로 자라난다는 사실이다.

전쟁 무기 - 해답과 재앙

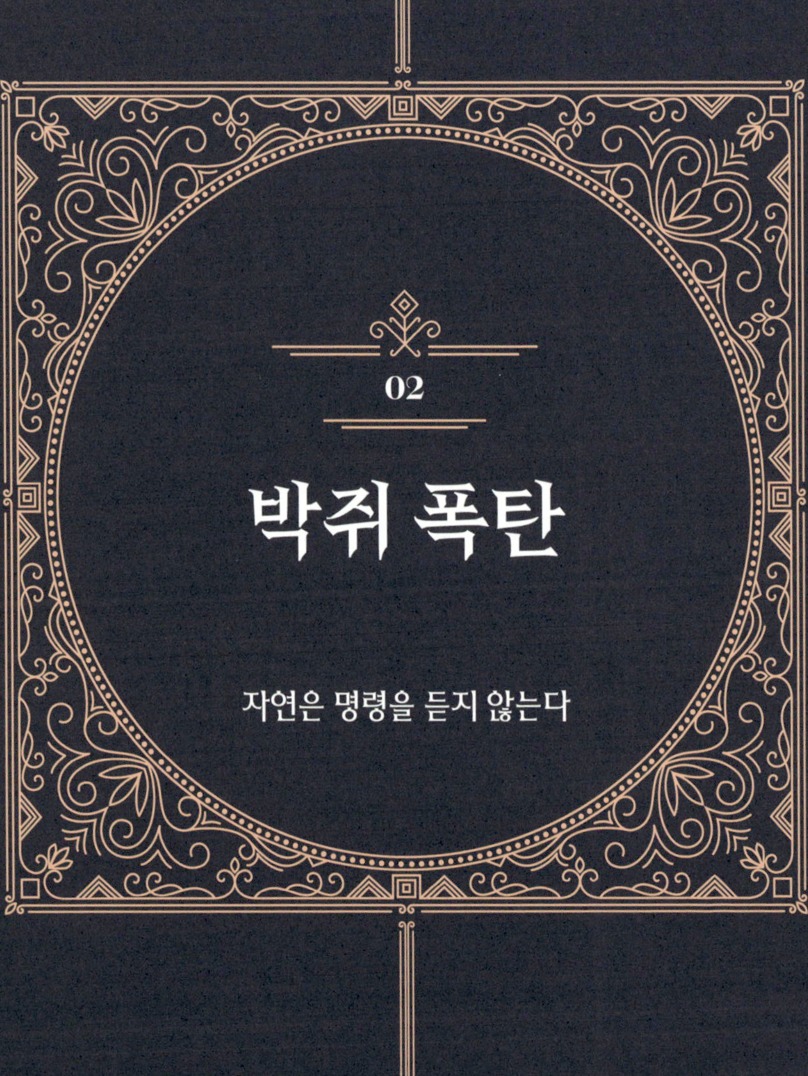

02

박쥐 폭탄

자연은 명령을 듣지 않는다

살아 있는 존재를 도구로 이용할 수 있다는 생각은, 그것을 끝까지 통제할 수 있다는 믿음과는 전혀 다른 문제였다.

이번엔 적의 도시를 불태울 방법을 찾아야 한다. 상대는 일본이다. 1941년 12월, 진주만이 기습당했다. 미국은 전쟁에 끌려 들어왔고, 복수심은 국가 전체를 뒤덮고 있었다.

문제는 일본 도시의 구조다. 주거지 대부분이 목재와 종이, 대

나무로 지어져 있었다. 불에 극도로 취약한 구조물이 빽빽하게 들어차 있다는 뜻이었다.

그렇다면 대규모 화재를 일으킬 수 있다면, 도시 전체를 무력화시킬 수 있다. 여기까지는 전쟁의 논리다. 그런데 문제가 하나 더 있다.

일반적인 소이탄은, 떨어진 곳에서 불이 난다. 지붕 위, 도로위, 공터 위. 눈에 보이는 곳에서 불이 시작되면 사람들이 발견하고 진화할 수 있다. 만약 불이 건물 안쪽에서, 처마 밑에서, 지붕틈새에서, 아무도 보지 못하는 곳에서 동시에 시작된다면 어떨까.

발견되기 전에 불이 번지고, 진화가 시작되기 전에 도시 전체가타기 시작한다.

그런 무기를 설계할 수 있을까?

∧∨∧∨∧

1942년 1월, 펜실베이니아의 치과의사 라일 S. 애덤스는 백악관에 한 통의 편지를 보냈다. 제안은 기괴했지만 의도는 분명했다. 바로 박쥐에 소형 소이 장치를 달아 일본 도시 위에 풀어놓자는 것이었다.

애덤스는 미국 남서부에 위치한 칼스베드 동굴에서 대형 박쥐

군락을 보고 이 발상을 떠올렸고, 일본 도시의 많은 건물이 목재와 종이로 이루어져 있다는 점에도 주목했다.

구상은 단순했다. 박쥐가 어두운 처마 밑과 지붕 틈으로 숨어들고, 그 뒤 지연 점화 장치가 작동하면 한 곳이 아니라 도시 곳곳의 안쪽에서 동시에 불이 시작될 수 있다는 것이었다.

이 계획이 더 흥미로운 이유는, 그것이 곧바로 웃음거리로 치부되지 않았다는 데 있었다. 애덤스는 당시 프랭클린 D. 루스벨트 대통령의 영부인이었던 엘리너 루스벨트와의 인맥을 통해 제안을 전달했고, 프랭클린 D. 루스벨트는 "이 사람은 미치광이가 아니다. 완전히 황당한 아이디어처럼 들리지만 검토할 가치는 있다"는 취지의 메모를 남겼다. 치과의사의 황당한 발상이 담긴 편지 한 장이, 전쟁이 절박하던 시기에 실제 군사 프로젝트의 출발점이 된 셈이다.

프로젝트가 시작되자 애덤스는 박쥐를 실제 무기로 바꾸기 위

전쟁 무기 - 해답과 재앙

한 팀을 꾸렸다. 하지만 해결해야 할 문제는 생각보다 많았다. 어떤 종의 박쥐를 써야 하는지, 그 박쥐에게 얼마나 무거운 장치를 매달 수 있는지, 불을 내는 장치는 어떻게 만들지, 그리고 그 박쥐들을 어떻게 운반해 공중에서 풀어놓을지까지 전부 처음부터 정해야 했다.

전쟁은 종종 엄청난 발상의 아이디어들이 나오지만, 실제로는 그 아이디어를 작동시키는 수십 개의 현실적인 문제를 해결해야 한다. 박쥐 폭탄도 마찬가지였다.

여러 종을 검토한 끝에 선택된 것은 멕시코자유꼬리박쥐였다. 수가 많고, 작으며, 자기 몸보다 무거운 하중도 버틸 수 있었기 때 문이다. 그리고 박쥐 몸에 붙일 수 있을 만큼 작은 지연 점화식 소 이 장치도 설계해 만드는 데 성공했다. 이후에는 폭탄을 매단 박쥐 를 한꺼번에 수납한 금속 용기를 항공기에서 떨어뜨리면, 용기에서 낙하산이 펼쳐지며 적재한 용기가 분리돼, 공중에서 박쥐를 분산 시키는 방식까지 구체화됐다.

발상만 보면 황당했지만, 설계는 점점 더 진지해졌다. 박쥐 폭 탄의 무서운 점은 바로 거기에 있었다. 처음에는 농담처럼 들리던 생각이, 하나씩 계산되기 시작하는 순간 적을 무너뜨릴 수 있는 실제 무기처럼 보이기 시작했다.

설계도면 위에서 이 무기의 논리는 꽤 정교해 보였다. 박쥐는 새벽에 풀려나면 본능적으로 어둡고 좁은 곳을 찾는다. 건물의 처마 밑, 지붕 틈, 다락 같은 곳이다. 당시 일본 도시의 많은 건물은 목재와 종이로 이루어져 있었고, 박쥐들이 들어갈 수 있는 아주 작은 틈도 많았다.

계획은 바로 그 지점을 노렸다. 폭탄을 매단 박쥐들을 투하하면 박쥐는 본능적으로 눈에 잘 띄지 않는 틈으로 스며든다. 그 후 지연 점화 장치가 작동하면 불은 건물 바깥이 아니라 안쪽에서부터 시작된다.

동시다발적으로 시작된 불은 진화할 새도 없이, 도시 전역으로 퍼져나가기 시작한다. 이 무기의 무서움은 폭발력이 아니라 침투 방식에 있었다. 일반적인 소이탄이 바깥에서 불을 붙이는 무기였다면, 박쥐 폭탄은 불씨 자체를 건물 안으로 들여보내는 방식이었다.

당시 박쥐 폭탄을 검토한 문서들에서도 이런 발상은 상당히 효율적인 것으로 평가됐다. 기존 소이탄보다 같은 무게로 더 많은 화재를 일으킬 수 있다는 계산까지 나왔다. 숫자만 보면, 박쥐 폭탄은 황당한 아이디어가 아니라 오히려 지나치게 효율적인 무기처럼 보였을 것이다. 하지만 진짜 문제는 그 설계가 너무 깔끔했다는 데 있었다.

그들이 생각한 박쥐 폭탄의 설계에서는 박쥐가 제때 깨어나고,

제때 날아가고, 제때 숨어들어갔다. 하지만 살아 있는 생물은 설계도처럼 딱딱하게 움직이지 않는다.

그 우려는 시험에서 바로 드러났다. 박쥐를 대량으로 운반하려면 먼저 움직이지 않게 만들어야 했다. 그래서 연구팀은 이를 위해 냉각 상태를 이용했다. 그러나 시험 투하에서는 많은 박쥐가 제때 활동 상태로 돌아오지 못했다. 충분히 깨어나지 못한 박쥐들은 날지 못한 채 바닥으로 떨어졌다.

여기서부터 이 계획의 진짜 문제가 드러난다. 생물을 무기의 부품으로 쓰기로 정한 순간, 설계자는 그 생물의 모든 부분을 통제해야 한다.

박쥐가 어떤 온도에서 언제 깨어나고, 풀려난 뒤 어느 방향으로까지 날아가게 하는지. 이 모든 것은 설계자가 결정할 수 있는 변수가 아니었다. 하지만 이 프로젝트는 계속 진행됐다.

두 번째 문제는 더 심각했다. 통제 불능이었다.

1943년 5월, 뉴멕시코 칼스배드의 보조 비행장에서 실제 소이 장치를 단 박쥐들이 시험 도중 예상치 않게 풀려났다, 박쥐들은 기지 곳곳으로 흩어졌다. 관제탑 및, 막사 지붕 틈새, 연료 탱크 사이 등으로 말이다. 그리고 소이 장치가 점화되기 시작하면서 여러 기지 시설에 화재가 발생했다.

공식 자료들도 이 사고가 프로젝트의 큰 전환점이었다는 점을 분명히 보여 준다. 적의 도시를 태우기 위해 만든 무기가, 시험 단계에서 먼저 자국 기지를 태워 버린 것이다

아이러니한 점은, 이 사고가 역설적으로 무기의 효과를 증명했다는 것이다. 박쥐들은 풀려나자마자 정확히 설계자들이 예상한 대로 행동했다. 박쥐들은 어두운 틈으로 숨어들었고, 불은 바깥이 아니라 건물 안쪽에서 시작됐다.

설계자들이 기대한 바로 그 방식이었다. 문제는 그 장소가 일본의 목조 가옥이 아니라 미국 군 시설이었다는 점뿐이었다.

이 사건 뒤 프로젝트는 해군으로 넘어가며 Project X-Ray라는 이름을 얻었고, 다시 해병대 관할 아래에서 시험이 이어졌다. 후반 시험은 건설된 일본식 모의 마을에서 진행됐고, 결과는 충분히 좋아서 더 큰 규모의 시험까지 계획됐다.

그러나 끝내 박쥐 폭탄은 실전 배치까지 가진 못했다. 해군작전 사령관 어니스트 킹은 이 계획이 실제 전쟁에 투입되기까지 너무 오래 걸린다는 보고를 받았고, 결국 프로젝트를 취소했다.

이유는 단순했다. 전쟁 막바지의 미국은 기묘한 무기가 아니라, 더 빨리 끝낼 수 있는 무기를 원했다. 박쥐 폭탄이 밀려난 자리에 있었던 것은, 훨씬 거대하고 훨씬 결정적인 다른 프로젝트였다.

원자폭탄이었다.

도대체 어디서부터 계산이 틀어진 것일까.

∧∨∧∨∧

박쥐 폭탄의 논리를 다시 따라가 보자.

당시 일본 도시의 건물들은 대부분 목재로 지어져 있었다. 맞다. 목재는 불에 취약하다. 맞다. 건물 내부에서 불이 나면 진화가 어렵다. 맞다. 박쥐는 건물 틈새에 들어가는 습성이 있다. 이것도 맞다.

여기까지의 논리에는 빈틈이 없다. 보고서가 보여주듯, 숫자로도 기존 소이탄보다 효율적이었다.

문제는 이 논리가 성립하기 위해 전제해야 하는 것에 있었다.

박쥐가 설계자의 의도대로 행동할 것이라는 전제.

냉각된 박쥐가 정확한 시점에 깨어나고, 풀려난 뒤 적의 건물을 향해 날아가고, 적절한 틈새에 들어가 머물고, 시한 장치가 작동할 때까지 그 자리에 있을 것이라는 전제.

그런데 박쥐는 명령을 따르지 않는다. 훈련시킬 수 없다. 풀려나는 순간 설계자의 손을 떠난다.

판젠드럼의 문제가 물리적 변수의 통제였다면, 박쥐 폭탄의 문제는 생물학적 변수의 통제였다.

판젠드럼에서는 로켓의 추력이 균일하지 않으면 방향이 틀어졌다. 이것은 사실 따지고 보면 엔지니어가 이론적으로는 해결할 수 있는 문제다. 더 정밀한 로켓, 더 나은 고정 장치, 더 안정적인 구조. 해결에 실패했지만, 적어도 문제의 성격은 파악할 수 있었다.

박쥐 폭탄에서는 문제의 성격 자체가 다르다. 살아 있는 생물은 기계 부품이 아니다. 온도, 습도, 고도, 빛의 양, 주변 소음, 개체의 건강 상태에 따라 반응이 달라진다.

살아 있는 생물이 가지고 있는 이 변수들은 통제할 수 있는 것이 아니라, 관찰할 수밖에 없고 그에 맞춰 대응할 수 있을 뿐인 것이다. 그런데 프로젝트의 설계는 이 변수들이 매번 비슷하게 작동할 것이라고 가정했다.

그렇다면 왜 이 사람들은 그 한계를 보지 못했을까. 애덤스가 이 발상을 떠올리게 된 출발점을 다시 보자. 그는 미국 남서부에 위치한 칼스베드 동굴에서 거대한 박쥐 군락을 보고 영감을 받았고, 이를 통해 전쟁 무기로 만들고자 하는 아이디어를 떠올렸다.

여기서 중요한 건 박쥐라는 동물 자체보다, 그것이 설계자의 눈에 어떻게 보였는가다.

박쥐 수백만 마리가 한꺼번에 쏟아져 나오는 광경은, 자연현상이라기보다 거대한 공격 자원처럼 보였을 것이다. 개별 박쥐 한 마리는 예측할 수 없어도, 수백만 마리라면 전체적으로는 원하는 결과를 만들 수 있을 것처럼 보인다.

전쟁 무기 - 해답과 재앙

바로 그 착각이 시작점이었다. 하지만 수백만 마리의 박쥐가 동굴에서 쏟아져 나오는 것과, 수백만 마리의 박쥐가 설계자의 의도대로 적의 건물에 숨어드는 것은 전혀 다른 일이다.

전자는 자연현상이고, 후자는 군사 작전이다. 자연현상에는 목적이 없지만, 군사 작전에는 분명한 목표가 있다. 이것이 박쥐 폭탄에서 드러나는 인간의 오류다. 자연을 관찰하고 이용하는 것과, 자연을 통제하고 지시하는 것 사이에는 건널 수 없는 간극이 있다.

인간은 오래전부터 동물을 도구로 써 왔다. 말에게 짐을 싣고, 개에게 추적을 맡기고, 비둘기에게 편지를 달았다. 그러나 그런 사례에도 공통점은 있다.

동물의 기존 습성을 이용하되, 훈련과 반복을 통해 인간의 목적에 맞게 조정했다는 점이다. 박쥐 폭탄은 그 단계를 건너뛰었다. 박쥐는 훈련시킬 수 없는 동물이었고, 설계자들은 통제 대신 습성에 의존했다. 박쥐가 어두운 틈새로 들어간다는 습성 말이다. 하지만 습성은 본능이지, 명령도, 설계도 아니다. 많은 박쥐가 그렇게 행동할 수 있다는 사실이, 모든 박쥐가 매번 설계자가 원하는 방식으로 행동한다는 뜻은 아니다.

칼스베드 기지 화재가 드러낸 것도 바로 그 점이었다. 박쥐들은 실제로 틈새를 찾아 들어갔다. 설계의 논리는 거기까지는 맞았다. 그러나 그 틈새는 적의 도시가 아니라 아군의 시설이었다.

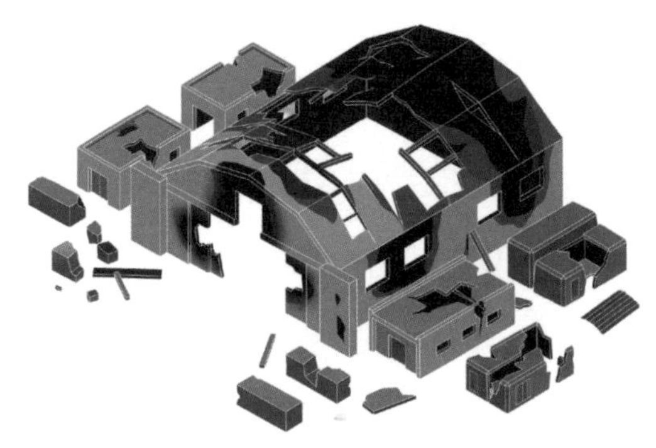

박쥐는 적과 아군을 구별하지 못하고, 목조 건물과 목조 건물 사이의 차이도 이해하지 못한다. 너무도 당연한 이 사실이, 오히려 이 설계의 가장 근본적인 결함이었다.

챕터 1에서 다뤘던 코끼리 형벌을 기억해보자. 고대 인도의 왕들은 코끼리의 지능과 조련 가능성을 이용해 처형 도구로 만들었다. 코끼리는 조련사의 명령에 따라 죄인을 죽일 수도, 살릴 수도 있었다. 이것이 가능했던 이유는 코끼리가 훈련에 반응하는 동물이었기 때문이다. 인간이 코끼리를 통제할 수 있었던 것은, 코끼리가 인간의 지시를 이해하고 따를 수 있는 수준의 지능을 가졌기 때문이다.

하지만 박쥐는 그런 동물이 아니다. 수백만 마리가 동굴에서 쏟아져 나오는 장면은 장관이지만, 그 장관은 통제의 증거가 아니라 통제 불가능의 증거다. 한 마리도 지시를 따르지 않고, 한 마리도 목표를 이해하지 못하고, 한 마리도 예측 가능하게 행동하지 않는다.

판젠드럼이 해결책의 크기를 문제의 크기에 맞추려다 실패한 사례였다면, 박쥐 폭탄은 자연의 규모를 군사적 자원으로 환산하려다 실패한 사례다.

자연은 이용할 수 있다. 하지만 이용할 수 있다는 것이 통제할 수 있다는 뜻은 아니다. 바람을 이용해 항해할 수 있지만, 바람에게 방향을 명령할 수는 없다. 박쥐를 이용해 불을 옮길 수 있지만, 박쥐에게 어디에 불을 놓으라고 지시할 수는 없다.

자연을 보고 자원을 떠올리는 것은 인간의 능력이다. 하지만 자원을 떠올리는 순간 통제까지 함께 떠올려버리는 것은 인간의 오류다.

시험에 실패해 칼스배드 기지에서 연기가 피어오를 때, 박쥐들은 자신이 무기인지도 몰랐다. 그저 따뜻하고 어두운 곳을 찾아 들어갔을 뿐이다.

무기가 되기를 거부한 것이 아니다. 처음부터 무기가 된 적이 없었다.

03

블루 피콕

지키기 위해 묻은 폭탄

적을 막기 위해 자기 땅에 폭탄을 묻는 순간, 방어는 더 이상 보호가 아니라 지켜야 할 공간 자체를 위협하는 계산이 된다.

이번에 당신이 해결해야 할 문제는 조금 다르다. 이번엔 적을 직접 파괴하는 무기를 만드는 일이 아니다. 적이 아예 접근할 수 없게, 들어올 수 없게 만드는 일이다.

1950년대 냉전이 깊어지면서, 당시 서유럽이 가장 두려워했던 시나리오는, 소련의 지상군이 동독 국경을 넘어 서쪽으로 밀고 내려오는 것이었다. 특히 북독일 평원은 넓고 평평해서 기갑 부대가 밀고 들어오기에 유리한 지형이었다. 병력을 더 세워도 수적 열세를 뒤집기는 어렵다. 재래식 무기로는 끝없이 밀려오는 전차를 멈추기 힘들다.

그렇다면 발상을 바꿔야 한다. 밀려오는 전차를 부수고 적을 쏘아 없애는 대신, 그들이 밟고 지나갈 땅 자체를 쓸 수 없게 만들어 버리는 것이다.

그런 무기를 설계할 수 있을까?

∧∨∧∨∧

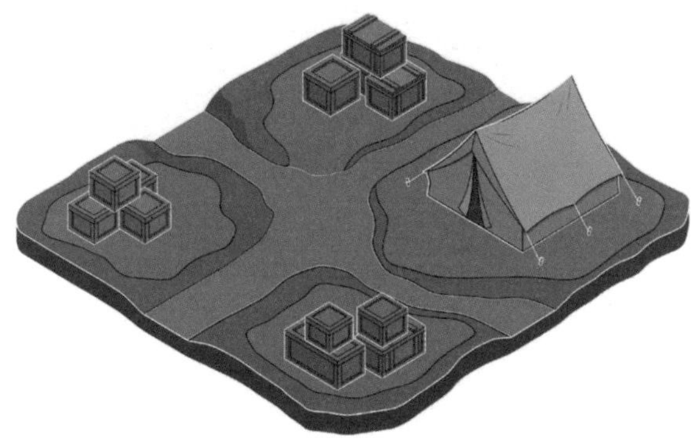

만약 적군이 들어오는 땅 아래에 폭발물을 묻어 두고, 적이 그 위에 진지를 펴고 보급을 시작하는 순간 폭파시킨다면 어떨까.

밑에서부터 올라오는 폭발은 시설들을 날려버리기엔 충분했고, 들어오는 속도를 지연시키기에도 충분하다. 하지만 한발 더 앞서서, 지연시키는 것을 넘어 아예 접근도 하지 못하게 만들 수 있는 방법은 무엇일까.

바로 핵폭탄이었다. 땅 아래에 일반적인 폭발물이 아닌, 핵무기를 묻어두는 것이다. 폭발로 시설을 날리는 것은 물론이고 이어지는 방사능 오염은 그 지역을 한동안 점령지로조차 쓸 수 없게 만든다.

블루 피콕은 바로 이런 발상에서 출발했다.

블루 피콕은 1954년 영국에서 추진된 전술 핵지뢰 구상이었다. 이름이 바뀌기 전에는 브라운 버니, 블루 버니 같은 코드명이 붙어 있었다. 발상은 단순하면서도 섬뜩했다. 원래 항공기에서 투하해 터트리는 핵무기의 원리를, 이번에는 하늘이 아니라 땅속에 묻어 두자는 것이었다. 적이 지나갈 길목 아래에 핵무기를 숨겨 두고, 진격이 시작되면 폭발시켜 그 지역 전체를 오염시키는 방식말이다.

설계된 장치는 거대했다. 공개 자료에서 블루 피콕은 무려 약 7톤 규모로 설명된다. 강철 케이스 안에는 핵심 구성품과 기폭 장치가 들어갔고, 크기가 워낙 커서 실내가 아니라 야외 시험장에서 다뤄야 했을 정도라고 전해진다.

기폭 방식도 하나가 아니었다. 원격으로 터트리는 원격 유선 기폭 방식, 일정 시간이 지난 뒤 작동하는 시한 장치 방식, 그리고 누군가 장치를 건드릴 경우 즉시 폭발하는 방해방지 장치 방식까지 함께 검토됐다.

이 무기의 목적은 단순히 적 병력을 파괴하는 데 있지 않았다.

더 중요한 것은 그 땅을 더 이상 점령지로도, 보급 거점으로도 쓸 수 없게 만드는 일이었다. 실제 정책 문서들도 블루 피콕의 목적을 시설 파괴와 함께 방사성 오염을 통해 해당 지역의 사용을 막는 데 있다고 설명한다. 땅을 지키는 것이 아니라, 땅을 못 쓰게 만드는 것. 블루 피콕은 방어라는 개념을 극단까지 밀어붙인 무기였다.

논리만 따라가면 이 구상은 꽤 정교해 보인다. 기갑 부대가 평원을 지나 밀고 들어오려면, 재정비를 위해서는 결국 중간에서 보급 거점을 세워야 한다. 그리고 그 거점이 들어설 가능성이 큰 땅 아래에 핵지뢰가 묻혀 있다. 침공이 시작되면 후퇴하는 쪽은 시한 장치를 작동시키거나 원격으로 기폭할 수 있다.

한 번 폭발이 일어나면 문제는 단순한 파괴에서 끝나지 않는다. 시설은 무너지고, 그 일대는 방사성 오염에 노출된다. 설령 적군이 살아남더라도, 그 땅을 곧바로 거점으로 활용하기는 어렵다.

이 계획은 단순한 상상에 머문 것도 아니었다. 공개된 자료들을 보면, 영국 육군은 1957년 블루 피콕 10기를 주문했고, 이 장치를 독일 주둔 영국군 배치와 연결해 검토하고 있었다.

연구실 안에서만 맴도는 아이디어가 아니라, 실제 배치를 향해 조금씩 나아가고 있던 계획이었다. 그런데 이 계획은 사소해 보이는 현실 앞에서 무너지기 시작한다. 설계자들은 폭탄의 폭발력과 오염까지 계산했지만, 한 가지 문제를 마주쳤다. 문제는 겨울이었다. 북독일 평원의 겨울은 혹독하다. 핵지뢰를 땅속에 묻으면 내부 온도가 급격히 떨어질 것이다. 그렇게 되면 핵폭탄을 작동시키는 장치들이 제대로 작동하지 않을 수 있다.

설계자들은 보온 대책을 찾기 시작했다. 하나는 장치 내부를 단열하는 방식이었다. 실제로 단열재를 사용하여 내부를 감싸는 방안이었다. 그런데 설계자들은 여기서 더 기묘한 해법까지 검토하게 된다. 살아 있는 닭을 케이스 안에 넣자는 제안이 나온 것이다.

닭 몇 마리를 장치 안에 먹이와 물과 함께 넣어 두고, 그 체온으로 내부 장치가 얼어붙지 않게 하겠다는 발상이었다. 계산은 단순했다. 시한 장치가 작동할 때까지 닭이 살아 있으면, 그동안 발생하는 열로 장치의 작동 환경을 붙잡아 둘 수 있다는 것이었다.

핵무기 안에 닭을 넣는다. 이 문장으로만 보면 우스꽝스럽다. 그런데 바로 그 점이 이 계획의 본질을 더 또렷하게 보여준다.

지켜야 할 땅 아래 묻어둘 핵무기의 작동을, 살아 있는 가축의 체온으로 떠받치려 했다는 점에서 블루 피콕의 방어 논리는 이미 너무 멀리 가 있었다.

이 장면이 이상한 이유는 기술이 우스워서가 아니라, 방어라는 이름으로 시작된 계획이 끝내 이런 모습에까지 도달했다는 데 있다.

2004년 4월 1일, 블루 피콕 관련 기록이 공개됐을 때 닭 제안은 너무 기이해서 만우절 장난처럼 받아들여졌다고 한다. 공개일이 4월 1일이었던 탓에 그 반응은 더 커졌다. 당시 영국 국립문서보관소 측도 이것이 농담이 아니라는 취지로 설명해야 했다. 그만큼 블루 피콕은 실제 기록임에도, 현실의 계획이라기보다 농담처럼 들리는 구상이었다.

당시 이 프로젝트는 한동안 실제 군사 계획으로 취급됐고, 장

치의 보온 문제 역시 진지한 설계 과제로 다뤄졌다. 다행히도 블루 피콕은 결국 실전 배치로 이어지지 않았다.

공개된 기록을 보면 이 프로젝트는 1958년에 중단됐다고 한다. 방사능으로 인한 낙진 문제와 영토를 오염시킬 수 있다는 이유였다. 남은 것은 실전에 쓰인 무기가 아니라, 냉전기의 한 설계가 어디까지 밀려갈 수 있었는지를 보여주는 기록이다.

계획은 늘 설계로만 움직이지 않는다. 겨울과 같은 사소한 온도 문제에 믿기 어려운 해결법까지도 진지하게 검토된다.

그렇다면 계산은 어디서 어긋나기 시작했을까.

∧∨∧∨∧

블루 피콕의 논리를 다시 따라가 보자.

소련의 지상군 규모가 압도적이다. 맞다. 재래식 전력만으로는 북독일 평원을 방어하기 어렵다. 맞다. 핵무기를 써서 그 지역 자체를 점령할 수 없게 만들면 적의 진격을 늦추거나 무력화할 수 있다. 이것도 논리만 놓고 보면 맞다. 여기까지는 빈틈이 없어 보인다.

하지만 이 논리를 현실로 옮기는 순간 문제가 시작된다.

핵지뢰는 적국의 영토가 아니라, 평시에 동맹국의 땅 아래에 미리 묻혀 있어야 한다. 그리고 전쟁이 벌어지면, 그 땅을 직접 핵으로 오염시켜야 한다.

이 설계의 이상한 점은 바로 여기에 있다. 블루 피콕은 적의 침공을 막기 위한 무기였지만, 그 방식은 결국 지키려는 땅 자체를 먼저 파괴하는 것이었다. 그리고 실제로 그 장치가 작동한다면, 파괴되는 것은 적의 병력과 시설만이 아니다. 그 땅 위의 집과 농지와 도시 역시 함께 사라질 수밖에 없다. 살아남는다 해도, 방사성 오염은 그 공간을 다시 원래대로 돌려놓기 어렵게 만든다.

바로 여기서 블루 피콕의 방어 논리는 스스로를 갉아먹기 시작한다. 지키기 위해 준비한 무기가, 정작 지켜야 할 땅을 먼저 죽여야 한다. 적의 점령을 막는 데 성공하더라도, 그 뒤에 남는 것이 오염된 평원뿐이라면 그것을 과연 방어의 성공이라고 부를 수 있을까.

블루 피콕이 끝내 멈춰 선 이유도 이 역설과 무관하지 않아 보인다. 장치가 작동하느냐보다, 정말 작동했을 때 무엇을 남기게 되느냐가 더 큰 문제가 되었기 때문이다.

그렇다면 왜 이 사람들은 그 결과를 처음부터 보지 못했을까.

블루 피콕이 태어난 환경을 다시 보자. 1950년대 냉전의 공포는 실재했다. 소련의 지상군 규모는 서유럽 전체가 가장 두려워하던 변수였고, 핵전쟁의 가능성은 매일같이 현실적인 시나리오로 거론됐다. 이런 상황에서 군사 설계자들에게 요구된 것은 단순했다. 적의 진격을 멈출 수 있는 수단, 그것도 가능하면 확실한 수단이었다.

핵무기는 당시 그 조건을 가장 극단적으로 충족하는 도구처럼 보였다. 재래식 전력으로 막기 어렵다면, 핵으로 막으면 된다.

블루 피콕은 그 논리를 가장 극단적인 방식으로 구체화한 사례였다

문제는 여기서 시작된다.

∧∨∧∨∧

기술적으로 만들 수 있다는 사실은, 그것이 실전에서 사용 가능한 수단이라는 뜻과 같지 않다.

핵탄두를 이용해 지뢰로 만들 수 있는 기술은 가능했다. 장치는 설계됐고, 시험도 진행됐고, 어이없는 방법이었지만 이론상 가능한 보온 대책도 있었다.

하지만 문제는 그 다음이었다. 이 무기를 실제로 쓸 수 있을까. 그 땅을 핵으로 오염시키는 결정을 내릴 수 있을까. 이로 인한 결과가 방어의 성공이라고 볼 수 있을까. 혹여나 이로 인해 핵전쟁으로 상황이 악화될 수 있지 않을까.

이 질문들은 기술의 영역이 아니다. 정치와 외교, 그리고 윤리

의 문제였다.

이것이 블루 피콕에서 드러나는 인간의 오류다. 기술적으로 가능한가라는 질문에 답이 나오기 시작하면, 그다음 질문들은 자꾸 뒤로 밀린다. 만들 수 있다면, 나머지도 결국 해결할 수 있을 것처럼 느껴지기 때문이다.

블루 피콕에서도 그랬다. 장치를 만들 수 있는가. 땅에 묻어둘 수 있는가. 작동시킬 수 있는가. 이 질문들에는 하나씩 답이 붙었다. 하지만 정말 그 무기를 써도 되는가라는 질문은 훨씬 늦게 돌아왔다.

닭 제안이 섬뜩한 이유도 여기에 있다. 그것은 단순히 우스꽝스러운 아이디어가 아니다. 지켜야 할 땅 아래 묻어둘 핵무기의 작동을, 끝까지 기술적으로만 붙들려 했던 흔적이다.

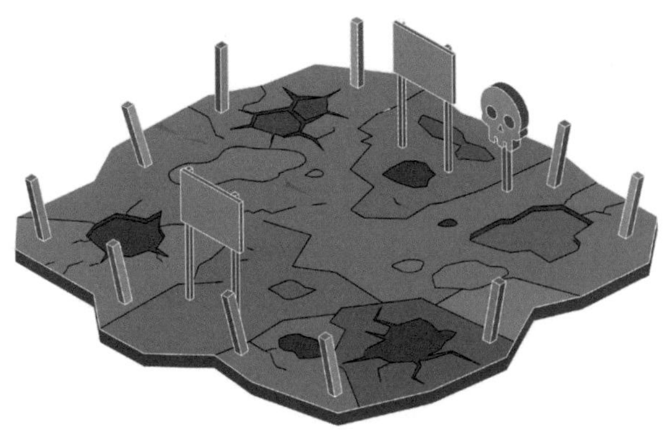

전쟁 무기 - 해답과 재앙

블루 피콕의 방어 논리가 여기까지 밀려갈 수 있었던 것도, 그 계획이 비논리적이어서가 아니라 오히려 너무 논리적으로 밀려갔기 때문이다.

블루 피콕은 끝내 실전에 배치되지 못했다. 이 프로젝트를 멈춰 세운 것은 단순한 기술적 고장이라기보다, 그것이 실제로 작동했을 때 남게 될 결과를 감당하기 어렵다는 판단에 가까웠다.

그 판단이 조금만 더 늦었더라면, 북독일 평원의 어딘가에는 겨울을 견디기 위해 닭의 체온까지 계산에 넣은 핵지뢰가 실제로 묻혔을지도 모른다.

PART 4

04

마지노선

지난 전쟁의 완벽한 정답

이 방어선은 과거의 전쟁에서는 정답처럼 보였지만, 바로 그 확신 때문에 다음 전쟁의 방식이 이미 바뀌고 있다는 사실을 놓쳤다.

이번에는 무기가 아니다. 판젠드럼은 벽을 부수기 위한 장치였고, 박쥐 폭탄은 도시를 태우기 위한 장치였고, 블루 피콕은 땅을 못 쓰게 만들기 위한 장치였다.

이번에 설계해야 할 것은 장치가 아니라 선이다. 국경을 따라 그어지는 방어선. 그런데 이 방어선을 설계하는 당신의 머릿속에는, 앞선 세 꼭지의 설계자들에게는 없었던 것이 하나 있다.

바로 기억이다.

스스로를 1차 세계대전을 겪은 프랑스 군인이라고 생각해보자. 4년 동안 참호 속에서 살았다. 동료들이 옆에서 죽어나갔다. 프랑스는 그 전쟁에서 약 130만 명이 넘는 막대한 군인을 잃었다. 국토의 일부는 포격으로 폐허가 됐다.

그리고 전쟁이 끝났다.

PART 4

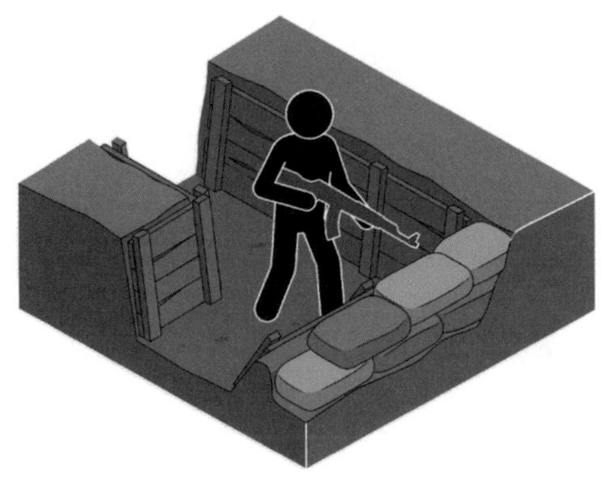

하지만 누구도 독일의 위협이 완전히 사라졌다고 믿지는 않았다. 베르사유 조약은 독일의 군비를 제한했지만, 프랑스의 군사 지도부는 그런 제약이 영원하지 않으리라는 것도 알고 있었다. 독일은 프랑스보다 인구와 산업 잠재력에서 더 큰 나라였고, 다음 전쟁이 다시 온다면 그 충격은 더 클 수 있었다.

다시 올 것이다. 문제는 언제인가다. 그때를 대비해야 한다. 다시는 그런 전쟁을 프랑스 땅 위에서 치를 수 없다.

당신이라면 어떻게 준비하겠는가.

∧ ∨ ∧ ∨ ∧

프랑스가 생각해낸 답은 바로 벽이었다.

독일 국경을 따라 콘크리트와 강철로 된 거대한 방어선을 세우

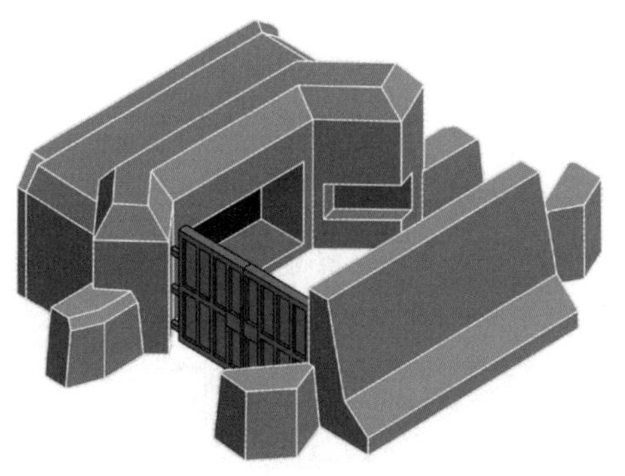

는 것이다.

적의 공격을 막고, 설령 뚫리더라도 충분히 시간을 늦춰 프랑스군이 동원과 반격 태세를 갖출 시간을 벌겠다는 구상이었다.

이 구상의 중심에 있던 인물이 앙드레 마지노였다. 1차대전에 참전해 부상을 입고, 그 후유증을 평생 안고 살았던 정치인이었다.

그는 전쟁장관으로 있으면서 방어선 건설 예산 통과를 밀어붙였고, 1930년부터 이 계획은 본격적으로 추진되기 시작했다. 마지노는 1932년에 세상을 떠났다. 하지만 그의 이름은 방어선에 남았다.

바로 마지노선이다.

건설은 1930년대 내내 이어졌고, 주요 구간은 1939년 무렵 대부분 완성됐다. 비용은 수십억 프랑에 달했다.

스위스 국경에서 룩셈부르크 방면까지, 독일과 맞닿은 동부 국경을 따라 요새들이 세워졌다. 특히 알자스-로렌과 프랑스 동부 산업 지대를 지키는 구간에 힘이 집중됐다.

이 방어선은 단순한 콘크리트 벽이 아니었다. 그 아래에는 하나의 엄청난 세계가 있었다. 지하에는 병사들이 버틸 수 있는 생활 시설과 보급 체계가 갖춰져 있었고, 가스 공격까지 견딜 수 있도록 설계돼 있었다. 1차대전의 참호가 찝찝한 진흙과 얼어붙은 추위, 그리고 질병의 공간이었다면, 마지노선의 내부는 그 기억을 지워버리려는 듯한 장소였다.

지상에는 사격할 때만 모습을 드러냈다가 다시 내려가는 포탑들이 설치됐고, 그 앞에는 각종 방어 시설이 놓였다.

당대 기준으로 이 방어선은 기술적 걸작에 가까웠다. 마지노선은 프랑스가 다시는 침략당하지 않겠다는 결의를 콘크리트로 부

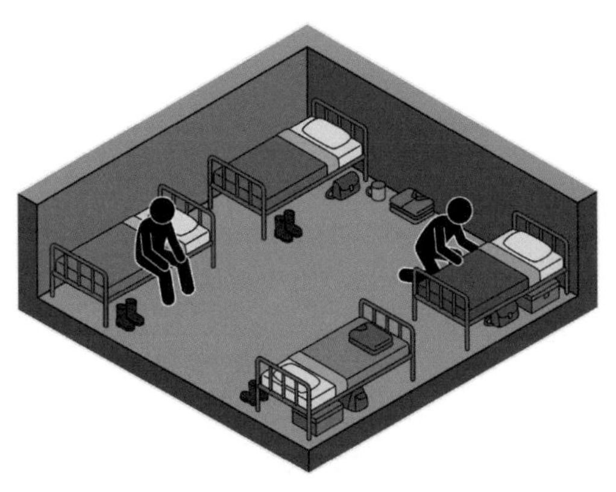

전쟁 무기 - 해답과 재앙

어 만든 것이었다.

여기까지만 보면 마지노선은 성공적인 설계다. 적어도 겉으로는 그랬다.

마지노선은 독일 국경을 막는 데 막대한 자원을 쏟아부었고, 그 자체로는 쉽게 무너질 방어선이 아니었다. 이 점은 중요하다. 마지노선의 콘크리트가 약해서 실패한 것이 아니다. 요새의 화력이 부족해서 실패한 것도 아니다. 문제는 다른 곳에 있었다.

마지노선은 독일과 맞닿은 동쪽 국경을 따라 강하게 세워졌지만, 그 북쪽의 벨기에 쪽까지는 같은 방식으로 이어지지 않았다. 벨기에 방향으로까지 거대한 방어선을 세우기에는 외교적으로도 부담이 컸고, 비용도 만만치 않았다.

프랑스도 독일이 그쪽으로 들어올 가능성을 모르고 있었던 것은 아니다. 그래서 독일군이 벨기에를 통해 내려오면, 프랑스군이 북쪽으로 올라가 벨기에에서 맞서 싸운다는 계획을 세우고 있었다.

그리고 그 사이에는 아르덴 숲이 있었다. 험하고 울창한 그 숲은, 적어도 프랑스의 계산 속에서는 대규모 기갑 부대가 빠르게 통과하기 어려운 곳이었다.

1940년 5월 10일, 독일군이 움직였다.

네덜란드와 벨기에로 대규모 병력이 밀고 들어왔다. 프랑스군과 영국 원정군은 계획대로 벨기에 방면으로 이동했다. 하지만 그 것이 독일의 진짜 핵심 공격은 아니었다.

그 사이 독일군의 기갑 부대는 아르덴 숲을 통과하고 있었다. 대규모 기갑 부대가 빠르게 지나가기 어렵다고 여겨졌던 바로 그 숲을 말이다.

기갑 사단들은 아르덴을 빠져나와 스당 인근에서 프랑스 방어선을 무너뜨렸다. 마지노선이 끝나고 계산이 바뀌는 바로 그 지점이었다. 돌파구가 열리자 독일 기갑 부대는 프랑스 내부로 쏟아져 들어갔다. 마지노선에 배치된 프랑스군은 요새 안에서 동쪽을 바라보고 있었지만, 적은 이미 그들의 뒤에 있었다.

프랑스는 불과 6주 만에 무너졌다.

마지노선에 투입된 10년의 시간과 막대한 예산, 콘크리트와 철근, 지하 세계를 버티게 만든 모든 설계는, 결국 다른 방향에서 들어온 적 앞에서 순식간에 의미를 잃었다.

도대체 어디서부터 계산이 틀어진 것일까.

∧∨∧∨∧

마지노선이 어리석은 사람들의 작품이었을까. 아니다. 마지노선의 설계자들은 바보가 아니었다.

그들은 1차대전의 참혹한 기억 속에서 사고하던 사람들이었다. 그리고 그 전쟁에서 무엇이 효과적이었는지를 누구보다 절실하게 알고 있었다.

1차대전의 교훈은 분명해 보였다.

견고한 방어 진지는 공격자에게 막대한 피해를 강요한다. 참호와 철조망, 기관총 앞에서는 공격하는 쪽이 방어하는 쪽보다 훨씬 더 많은 피를 흘린다. 소모전이란 그랬다. 이 교훈은 틀리지 않았다. 적어도 1차대전에서는 실제로 그랬다.

문제는 그 교훈을 다음 전쟁에도 그대로 적용할 수 있다고 믿은 데 있었다.

전쟁의 방식은 이미 바뀌고 있었다. 전차는 더 빠르고 강해졌고, 항공기는 전선의 뒤까지 위협할 수 있게 됐다. 정면으로 들이 받기보다, 약한 곳을 찾아 빠르게 파고들어 후방을 흔드는 전쟁의 방식이 점점 힘을 얻고 있었다.

독일군이 아르덴을 통과한 것은 우연이 아니었다.

마지노선이라는 장벽이 있었기 때문에, 독일은 정면에서 의미 없이 피를 흘리는 대신 그 장벽이 없는 곳을 찾아 들어갔다.

그리고 프랑스의 계산은 바로 그 지점에서 멈춰 있었다.

적어도 그들의 사고는 1차대전의 경험에서 크게 벗어나지 못하고 있었다. 하지만 1940년의 독일 기갑 부대는 1918년의 전차와 같은 물건이 아니었다.

그렇다면 왜 이 사람들은 전쟁이 바뀌고 있다는 것을 보지 못했을까. 보지 못한 것이 아닐 수도 있다. 프랑스 군부 안에서도 다른 가능성을 말한 목소리는 있었다.

샤를 드 골처럼, 기갑 부대 중심의 더 기동적인 전쟁을 주장한 인물도 있었다. 마지노선에 쏟아붓는 자원을 전차와 항공기에 돌려야 한다는 문제의식 역시 완전히 낯선 것은 아니었다.

하지만 그런 생각은 끝내 중심이 되지 못했다. 이유는 하나가 아니겠지만, 분명한 사실 하나는 있었다. 마지노선은 이미 지어지고 있었다. 건설이 시작되고, 막대한 예산이 들어가고, 국가 전체가 그 방어선에 집중하고 있었다.

이미 투입된 것이 너무 많았기 때문에, 다시 되돌아갈 수 없어 보였던 것이다.

이것이 마지노선에서 드러나는 인간의 오류다.

∧∨∧∨∧

과거의 전쟁에서 얻은 교훈이 강렬할수록, 그 교훈을 다음 전쟁에도 그대로 적용하려는 유혹이 커진다. 참호전에서 방어가 효과적이었으니까, 더 강한 방어를 만들면 된다. 이 추론은 직선적이고 설득력 있다.

하지만 과거의 교훈에는 유효기간이 있다. 전쟁의 기술과 전술이 바뀌면, 이전 전쟁의 정답이 다음 전쟁의 오답이 될 수 있다.

마지노선의 설계자들은 지난 전쟁의 정답을 거의 완벽하게 구현했다. 문제는 그들이 풀고 있는 문제가 이미 바뀌어 있었다는 것이다.

앞선 세 꼭지에서 실패한 무기들은 시험 단계에서 문제가 드러났다. 판젠드럼은 해변에서 방향을 잃었고, 박쥐 폭탄은 자국 기지를 태웠고, 블루 피콕은 외교와 윤리적 문제 앞에서 멈췄다. 이들은 실전에 투입되기 전에 실패했다.

마지노선은 다르다. 이 방어선은 실전에 투입됐다. 그리고 설계자들이 기대한 대로, 적어도 정면에서는 버텨냈다. 독일의 결정적

돌파는 마지노선 정면이 아니라 다른 곳에서 일어났다. 콘크리트는 버텼고, 포탑은 작동했고, 지하 시설은 기능했다.

하지만 프랑스는 졌다.

마지노선이 무너진 것이 아니다. 마지노선이 서 있는 동안, 그 옆을 돌아서 적이 들어온 것이다.

설계는 정교했다. 문제는 그 설계가 붙잡고 있던 전제였다.

블루 피콕에서는 기술적으로 가능하다는 답이 너무 빨리 나와서 더 근본적인 질문이 밀려났다. 마지노선에서는 과거의 교훈이 너무 생생해서, 그 교훈의 유효기간을 묻는 질문이 밀려났다. 방향은 다르지만 구조는 같다. 확신이 너무 단단하면, 확신 바깥의 질문이 들리지 않게 된다.

마지노선을 설계한 사람들은 다시는 같은 전쟁을 치르지 않겠다고 결심했다. 그리고 그 결심이 너무 강했기 때문에, 다음 전쟁이

전쟁 무기 - 해답과 재앙

같은 전쟁이 아닐 수 있다는 가능성을 놓쳤다.

10년의 공사, 수십억 프랑의 예산, 당대 최고 수준의 군사 공학. 그 모든 것이 지난 전쟁의 정답을 완벽하게 구현하는 데 쓰였다. 하지만 다음 전쟁은 다른 문제를 들고 왔고, 완벽한 정답은 그 문제 앞에서 아무 소용이 없었다.

마지노선이 남긴 것은 콘크리트가 아니다. 과거의 정답을 다음 문제의 정답으로 착각할 때, 그 정답이 완벽할수록 실패도 완벽해진다는 사실이다.

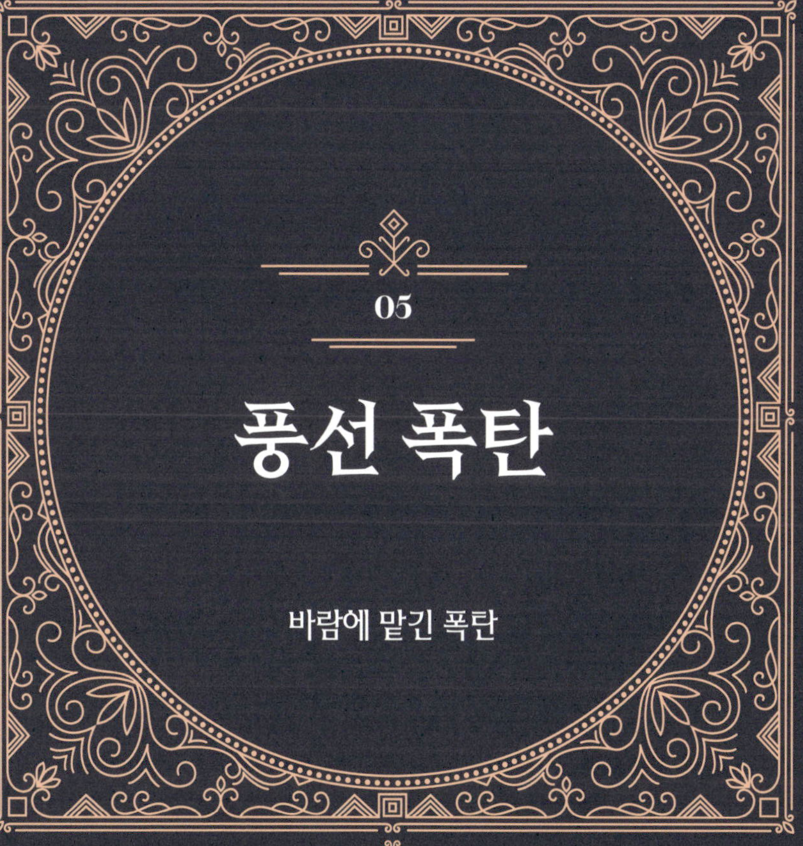

05

풍선 폭탄

바람에 맡긴 폭탄

무기의 방향을 스스로 정하지 못하게 되는 순간, 설계자는 결과를 우연과 기상에 넘겨버리게 된다.

이번에는 적이 어디에 있는지도 모른다.

프랑스의 마지노선은 어디서 공격이 들어올지 예상 가능했다. 그래서 국경을 따라 선을 긋는게 문제였다.

그러나 일본 군부가 마주한 상황은 전혀 달랐다.

미국 본토는 태평양 건너편에 있었다. 거리는 너무 멀었고, 당시 일본이 가진 기존 수단만으로는 그곳에 직접 타격을 가하기가 쉽지 않았다. 함대를 보내는 것도, 항공기를 보내는 것도 현실적으로 부담이 컸다. 하지만 미국 본토를 공격해야 한다는 압박은 커지고 있었다. 1942년 두리틀 공습으로 일본 본토가 폭격당한 뒤, 보복 심리는 더 강해졌다.

그렇다면 사람을 보내지 않고, 별도의 동력도 없이, 태평양을 건너 미국 본토에 닿을 수 있는 방법이 있을까.

일본의 기술자들은 하늘을 올려다보았다. 그리고 바람을 이용하기 시작했다.

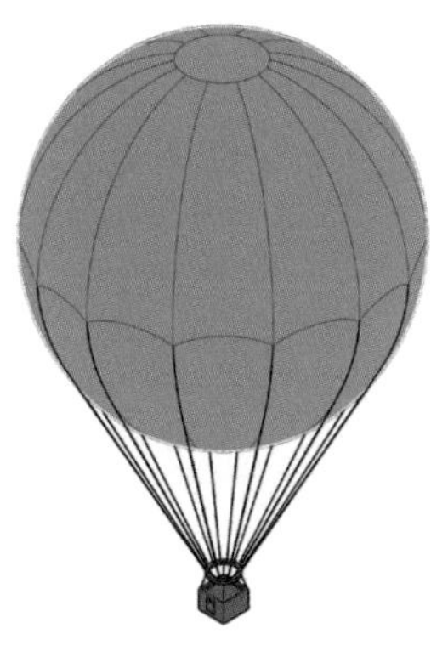

태평양 상공 약 9,000미터에서 1만 미터 부근에는 겨울철 강한 서풍이 분다. 오늘날 제트기류라고 부르는 바람이다. 일본에서는 이 바람을 타면 풍선이 수십 시간 만에 북미 대륙까지 도달할 수 있다는 계산이 나왔다.

바람이 무기를 실어 나른다. 이 발상이 풍선 폭탄, 후고의 출발점이었다. 후고는 일본 육군 제9기술연구소, 통칭 노보리토 연구소에서 개발됐다.

설계는 이랬다. 직경 약 10미터의 수소 풍선을 만든다. 풍선의 외피는 일본 전통 종이인 화지를 여러 겹 붙여 만들었다. 풍선 아래에는 소이탄과 폭탄이 매달렸고, 풍선이 적정 고도를 유지하도록 자동 고도 조절 장치도 부착됐다. 고도가 떨어지면 모래주머니를 자동으로 투하해 다시 떠오르고, 일정 시간이 지나면 폭탄을 떨군 뒤 풍선도 스스로 파괴되도록 짜여 있었다.

풍선 제작에는 인근 학교의 여학생들도 동원됐다. 전시 총동원 체제 아래에서, 많은 이들이 정확한 용도를 알지 못한 채 화지를 붙이고 접착제를 바르는 작업에 투입됐다.

1944년 11월 3일, 첫 번째 풍선 폭탄이 일본 혼슈 해안에서 발사됐다. 이후 1945년 4월까지 약 9,300발의 풍선 폭탄이 태평양을 향해 날아갔다.

이 무기의 설계에서 가장 특이한 점은, 설계자가 통제를 처음부터 거의 포기했다는 것이다.

판젠드럼은 방향을 잡으려고 로켓을 더 달았다. 박쥐 폭탄은 박쥐의 습성에 의존했지만 적어도 투하 지점은 설계자가 정했다. 블루 피콕은 묻어둘 위치를 미리 정했다. 마지노선은 국경의 어느 구간을 방어할지를 계산했다.

하지만 후고는 달랐다. 풍선이 어디에 떨어질지, 정확히는 아무도 알 수 없었다.

바람의 방향과 속도는 늘 바뀐다. 풍선이 태평양을 건너는 동안 기류가 흔들릴 수 있고, 고도 조절 장치가 오작동할 수도 있고, 풍선 자체가 중간에 찢어질 수도 있다. 설계자가 결정할 수 있는 것은 발사 지점과 각도, 발사하는 시각뿐이었다. 그 이후는 바람의 몫이었다.

그래서 후고의 논리는 앞선 무기들과 근본적으로 달랐다. 하나하나의 정확도를 높이는 대신, 수천 발을 날려 보내 그중 일부가 어딘가에 도달하기를 기대하는 방식이었다.

정밀함을 포기하고 양으로 부딪히려는 전략이었다.

실제로 약 9,300발의 풍선 폭탄이 발사됐지만, 북미에서 확인된 것은 그중 일부에 불과했다. 나머지는 태평양 어딘가에 떨어졌거나, 발견되지 않은 채 사라졌을 가능성이 컸다.

발견된 풍선 폭탄들은 미국 서부 해안을 넘어 내륙 여러 주까지 흩어져 있었다. 하지만 일본이 기대한 군사적 효과는 거의 나오지 않았다. 소이탄이 산불을 일으킬 것으로 기대됐지만, 풍선이 도

달하던 겨울과 초봄의 북미 서부 산림은 대체로 습해 대규모 화재로 이어지지 않았다.

당시 미국 정부는 풍선 폭탄의 존재가 널리 알려지면 공포가 커질 수 있다고 판단했다. 그래서 언론에 관련 보도를 자제해 달라고 요청했고, 실제로 풍선 폭탄 보도는 크게 줄어들었다.

이 보도 통제는 예상 밖의 결과를 낳았다.

일본군은 풍선 폭탄이 미국에 도달했는지, 실제로 어떤 피해를 냈는지 확인할 방법이 거의 없었다. 결국 일본은 이 무기가 기대한 효과를 내지 못했다고 보고, 1945년 4월 무렵 발사를 중단했다. 보도 통제가 결과적으로 이 무기의 중단에도 영향을 준 셈이었다.

하지만 보도 통제에는 다른 어두운 면이 있었다.

풍선 폭탄의 존재가 널리 알려지지 않았다는 것은, 미국 시민들 역시 그 위험을 거의 알지 못했다는 뜻이기도 했다.

1945년 5월 5일, 오리건주 블라이. 작은 마을이었다.

그날 아침, 마을의 목사 아치 미첼은 아내 엘시와 주일학교 학생 다섯 명을 데리고 기어하트 산으로 소풍을 갔다.

아내 엘시는 임신한 상태였다. 미첼이 차를 세우고 있는 동안, 엘시와 아이들은 먼저 내려 숲으로 걸어갔다. 그리고 나무 사이에서 무언가를 발견했다.

엘시가 미첼을 불렀다. 무언가를 찾았다고.

PART 4

226

미쳴은 위험을 직감하고 아이들을 말리려 했지만 늦었다.

풍선 근처에서 곧바로 폭발이 일어났다. 미쳴이 달려갔을 때, 엘시와 아이들은 모두 쓰러져 있었다.

에드워드 엥겐, 13세. 제이 기포드, 13세. 딕 패츠키, 14세. 셔먼 슈메이커, 11세. 이 네 명의 소년은 현장에서 목숨을 잃었다.

조앤 패츠키, 13세도 폭발 직후 숨졌다. 엘시 미쳴, 26세. 태어나지 못한 아이와 함께 목숨을 잃었다. 이들은 2차 세계대전 중 미국 본토에서 적의 공격으로 목숨을 잃은 유일한 민간인이었다.

후고는 의도한 군사적 효과를 거의 내지 못한 무기였다. 산불을 일으키지 못했고, 시설 파괴도 거의 없었고, 미국의 전쟁 수행에 뚜렷한 영향을 주지 못했다. 일본군 역시 결국 효과가 없다고 보고 발사를 중단했다. 하지만 오리건의 숲으로 소풍을 떠난 아이들과 보호자는 죽었다.

전쟁 무기 - 해답과 재앙

전장의 무기가 전장이 아닌 곳에서, 군인이 아닌 사람들을 죽인 것이다. 그것도 전쟁이 거의 끝나가던 시점에 말이다. 5월 5일은 독일이 항복하기 불과 며칠 전이었고, 일본 역시 석 달 뒤 항복했다.

도대체 어디서부터 계산이 틀어진 것일까.

∧∨∧∨∧

후고의 논리를 다시 따라가 보자.

미국 본토를 공격해야 한다. 하지만 항공기도 함선도 닿기 어렵다. 바람을 이용하면 태평양을 건널 수 있다. 풍선에 폭탄을 달아 보내면 된다.

여기까지의 논리에는 빈틈이 없어 보인다. 실제로 풍선은 태평양을 건넜다. 적어도 태평양을 건너는 데까지는 성공했다. 대륙간 공격 수단으로서는 이례적인 기술적 성취였다고 볼 수도 있다.

문제는 그 성공이 가리키는 곳, 목표 지점이 없었다는 데 있다. 앞서 설명했던 무기에서는 설계자들은 적어도 통제를 시도했다. 하지만 후고는 달랐다.

통제를 끝까지 붙잡기보다, 발사 이후의 결과를 처음부터 바람에 맡기는 쪽에 가까웠다. 대신 숫자에 기댔다. 9,300발을 날리면 그중 일부는 맞을 것이다. 어딘가에는 떨어질 것이다. 무언가에는 불이 붙을 것이다.

이 논리는 확률의 논리다. 하지만 확률의 논리에는 방향이 없다. 방향이 없는 무기가 도달하는 곳은 설계자가 정한 곳이 아니라 우연이 정한 곳이다. 그리고 우연은 군사 시설과 소풍을 나온 아이들을 구별하지 않는다

그렇다면 왜 일본군은 이 무기를 만들었을까. 바로 절박함이었다.

1944년 말, 일본의 전황은 빠르게 기울고 있었다. 태평양의 섬들은 하나씩 빼앗기고 있었고, 본토 공습도 현실이 되고 있었다. 이런 상황에서 미국 본토를 공격할 수 있다는 사실 자체가 일본에게는 의미가 있었다. 하지만 그 목적마저도 충분히 달성되지는 못했다. 미국의 보도 통제 때문에 일본은 자신들의 풍선이 미국에 도달했는지, 실제로 어떤 효과를 냈는지 확인하기가 어려웠다.

9,000여 발의 풍선 폭탄은 태평양을 건넜지만, 발사한 쪽에도 맞은 쪽에도 뚜렷한 군사적 결과를 만들지 못했다. 의도한 군사적 효과는 거의 나오지 않았다.

후고의 설계자들은 미국의 군사 시설을 파괴하고 싶었을 것이다. 하지만 바람은 군사 시설 대신 기어하트 산의 숲을 골랐다. 그리고 그 숲에는 소풍을 나온 목사의 가족과 주일학교 아이들이

있었다.

풍선 폭탄은 군사적으로 실패했다. 산불도, 시설 파괴도, 공포의 확산도 이루어지지 않았다.

다만 오리건의 숲에서는 여섯 명이 목숨을 잃었다.

이것이 후고에서 드러나는 인간의 오류다. 통제를 포기한 무기는 무기가 아니라 재앙이 된다.

무기의 존재 이유는 특정한 대상에게 특정한 피해를 주는 것이다. 그 특정성이 사라지는 순간, 무기는 무차별적 위험이 된다. 누구를 향한 것인지 알 수 없는 폭탄은, 적에게 떨어질 수도 있지만 소풍을 나온 가족에게도 떨어질 수 있다.

후고의 설계자들은 이것을 몰랐을까. 아마 알았을 것이다. 풍선이 어디에 떨어질지 모른다는 사실은 설계의 결함이 아니라 설계의 전제였다. 통제할 수 없으니 양으로 보상한다는 것이 처음부터 이 무기의 논리였다.

문제는 통제를 포기하는 순간, 결과에 대한 감각도 함께 멀어진다는 것이다. 설계자는 발사만 하면 된다. 이후에 풍선이 어디에 떨어지든 그것은 바람의 일이고, 우연의 일처럼 보인다. 하지만 폭발은 우연이 아니다. 폭탄이 터지면 사람이 죽는다. 그것이 군인이든, 아이든.

블라이 사건 현장에는 1950년에 미첼 기념비가 세워졌다. 전쟁

이 끝난 뒤 수십 년이 지나, 풍선 폭탄 제작에 참여했던 일본 여성들은 사죄의 뜻을 전했다. 그리고 블라이와 그 현장에는 1,000마리의 종이학이 전달됐다. 그리고 사건 50주년이 되는 해에 그 자리에 벚나무 여섯 그루가 심어졌다.

06

에이전트
오렌지

성공이 멈추지 않을 때

이 무기의 가장 큰 공포는 실패가 아니라 성공이었다. 너무 잘 작동했기 때문에, 전쟁이 끝난 뒤에도 피해는 멈추지 않고 계속 남았다.

지금까지 다섯 개의 무기를 봤다.

판젠드럼은 해변에서 방향을 잃었고, 박쥐 폭탄은 자국 기지를 태웠고, 블루 피콕은 정치적 현실 앞에서 멈췄고, 마지노선은 옆을 돌아온 적 앞에서 무력해졌고, 풍선 폭탄은 소풍 나온 아이들 앞에 떨어졌다.

전부 실패한 무기들이었다. 설계대로 작동하지 않았거나, 실전에 투입되지 못했거나, 투입됐지만 의미 있는 결과를 만들지 못했다. 이번에는 다르다. 이번에 다룰 무기는 적어도 군사 목적에서는 실제로 효과를 냈다. 설계자가 노렸던 방식으로 제대로 작동했고, 전술적 목표의 일부도 달성했다.

그런데 이 무기가 이 챕터의 마지막에 있다. 성공한 무기가 왜 실패작들과 같은 자리에 놓여 있는가. 그 답은, 이 무기가 성공한 뒤에 일어난 일에 있다.

1960년대 초반, 베트남.

∧ ∨ ∧ ∨ ∧

베트남 전쟁 중 미군이 마주한 문제는 단순했다. 적이 보이지 않는다. 베트남의 밀림은 끝없이 이어졌다. 울창한 우림 아래에서 베트콩과 북베트남군은 이동하고, 매복하고, 보급을 받았다. 위에서 내려다봐도, 옆에서 들여다봐도 숲은 적을 완벽하게 숨겨주고 있었다.

미군의 화력은 압도적이었지만, 보이지 않는 적에게는 그 화력을 제대로 쓰기 어려웠다. 숲이 그들의 방패였다. 그렇다면 논리는 간단하다. 숲을 없애면 적이 보인다. 하지만 나무를 일일이 베어낼 순 없다. 불을 지르기도 어렵다. 열대 우림은 습해서 쉽게 타지 않기 때문이다.

화학 물질로 나뭇잎을 떨어뜨릴 수 있다. 잎이 떨어지면 바닥이 보이고, 숲 아래에 숨어 있던 적의 모습도 드러난다. 이 발상이 에이전트 오렌지의 출발점이었다.

에이전트 오렌지의 정체는 고엽제, 즉 나뭇잎을 떨어뜨리는 화학 물질이었다. 이름은 저장 드럼에 칠해진 주황색 띠에서 왔다. 미군은 주황색 외에도 여러 종류의 고엽제를 사용했고, 드럼의 색 띠로 구분했기 때문에 이들을 통칭해 무지개 고엽제라고 불렀다. 그중 에이전트 오렌지가 가장 널리 사용됐다.

에이전트 오렌지의 군사적 사용은 케네디 행정부 시기에 본격화됐다. 작전명은 랜치 핸드. 1962년부터 본격적인 살포가 시작돼 1971년까지 이어졌다.

C-123 항공기가 저공으로 비행하면서 숲 위에 고엽제를 뿌렸다. 살포 지역에서는 수관이 크게 줄고 시야가 열렸다. 울창한 숲만 대상이 아니었다. 적의 식량 공급을 끊기 위해 농경지에도 살포가 이루어졌다.

약 10년 동안 살포된 고엽제의 총량은 막대했고, 그중 에이전트 오렌지가 가장 큰 비중을 차지했다. 이 작전의 논리는 단순했다. 숲을 없애면 적이 보인다. 적이 보이면 화력을 쓸 수 있다.

농경지를 없애면 보급이 끊긴다. 보급이 끊기면 적은 약해진다. 그리고 적어도 전술적인 목적에서는 실제 효과가 있었다. 그런데 에이전트 오렌지에는 설계자들이 계산 안에 끝까지 넣지 못한 것이 있었다. 아니, 더 정확하게 말하면 알고 있었지만 당시에는 크게 우려하지 않았던 것이 있었다. 바로 다이옥신이었다. 에이전트 오렌지의 제조 과정에서 함께 생겨난 TCDD는 강한 독성을 가진 오염물질이었다.

1988년, 랜치 핸드 작전에 관여했던 미 공군 연구자 제임스 클레리 박사는 상원의원에게 보낸 서한에서, 당시 고엽제의 다이옥신 오염 가능성을 알고 있었지만 그것이 적에게 사용될 것이었기 때문에 크게 우려하지 않았고, 자국 병력이 오염될 가능성은 고려하지 않았다는 취지로 적었다.

이 서한은 당시 일부 관련자들의 사고방식을 보여주는 강한 단서다. 적에게 쓸 것이니까 괜찮다고 생각했다. 하지만 고엽제는 적과 아군을 구별하지 않았다.

숲 위에서 뿌려진 화학 물질은 숲 아래에 있는 모든 것 위에 내려앉았다. 적군 위에도, 아군 위에도, 그리고 그 땅 위에서 살아가는 민간인 위에도 말이다.

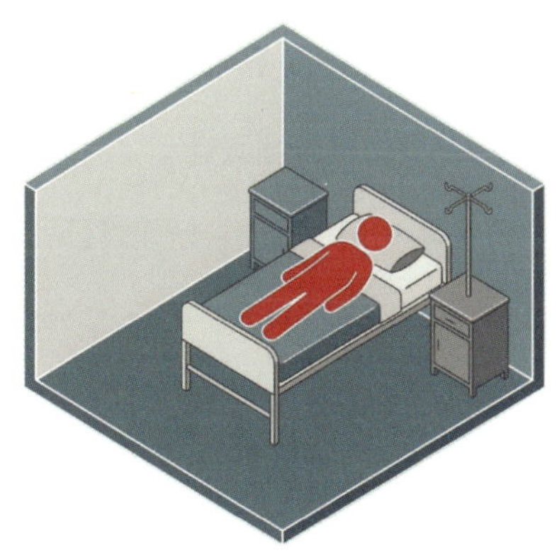

베트남 전쟁이 끝난 뒤, 돌아온 미국 참전 군인들 사이에서는 건강 문제를 호소하는 사례가 늘기 시작했다. 여러 질환이 고엽제 노출과 연결되기 시작했고, 베트남에서 복무한 미군 중 상당수가 고엽제에 노출된 것으로 추정됐다.

베트남 측의 피해는 훨씬 컸다. 직접 살포 지역에 살았던 사람들, 오염된 토양에서 농사를 지은 사람들, 심지어 그 다음 세대에 태어난 아이들에게까지 건강 문제를 겪는 일이 이어졌다. 살포가 끝난 뒤에도 다이옥신 오염 문제는 사라지지 않았다. 수십 년이 지나도 분해되지 않는 이 물질은, 전쟁이 끝난 뒤에도 건강 피해와 환경오염 문제를 남겼다.

1979년, 에이전트 오렌지에 노출된 미국 참전 군인들을 대리한 대규모 집단소송이 제기됐다. 1984년에는 고엽제를 생산한 화학 회사들과 합의가 이뤄졌다. 1991년에는 에이전트 오렌지법이 제정돼, 특정 질병이 고엽제 노출과 관련된 것으로 인정될 경우 참전 군인에 대한 치료와 보상이 가능해졌다.

전쟁이 끝난 지 수십 년이 지나서야, 대가를 치르기 시작한 것이다. 여기서 질문의 방향이 달라진다. 앞선 무기들은 대체로 어디서 계산이 어긋났는가를 보여줬다.

에이전트 오렌지는 조금 다르다. 이 무기는 계산이 틀어진 것이 아니라, 계산이 너무 잘 맞았기 때문에 더 위험해졌다.

적의 숲을 없앤다. 여기까지가 계산이었다. 하지만 그 화학 물질이 숲만 없애는 것이 아니라 땅과 물, 사람의 몸에까지 오래 영향을 남길 수 있다는 점은 충분히 심각하게 계산하지 않았다. 그리고 그 피해가 전쟁이 끝난 뒤에도 오래 이어질 수 있다는 것은 더더욱 계산 밖에 가까웠다.

그렇다면 왜 이 사람들은 그것을 보지 못했을까.

∧ ∨ ∧ ∨ ∧

클레리 박사의 서한은 답의 일부를 보여준다. 알고 있었지만, 크게 신경 쓰지 않았다. 이유는 그것이 적에게 쓰일 물질이라고 여겼기 때문이다.

이 논리에는 전제가 하나 깔려 있다. 무기의 피해는 적에게만 간다는 전제다. 적에게 쓰는 것이니까, 피해도 적이 받는다. 우리 쪽에는 돌아오지 않는다. 하지만 화학 물질은 전선을 구별하지 않는다. 바람을 타고 이동하고, 토양에 스며들고, 물길을 따라 퍼진다.

살포 구역의 경계선에서 멈추지 않는다. 그리고 시간의 경계선에서도 쉽게 끝나지 않는다. 전쟁이 끝난 뒤에도 다이옥신 문제는 오래 남았다. 에이전트 오렌지의 설계자들은 화학 물질이 퍼지는 공간의 범위와, 그 물질이 남는 시간을 모두 과소평가했다.

이것이 에이전트 오렌지에서 드러나는 인간의 오류다. 성공은 실패보다 위험할 수 있다. 실패한 무기는 멈출 수 있다. 프로젝트가 폐기되거나, 취소된다. 혹은 여러 요인에 의해 중단된다.

애초에 작동하지 않는다면 멈추는 것은 어렵지 않다. 하지만 성공한 무기는 멈출 이유가 없다. 숲은 사라지고, 적은 노출된다. 작전은 매우 직선적이며 효과적이다. 이 전술적 성공에서 갑자기 멈출 신호는 어디에서도 찾을 수 없다.

에이전트 오렌지는 그렇게 10년 동안 베트남 상공에서 뿌려졌다. 단기 효과가 확인되면서 살포는 더 넓고 더 오래 이어졌다. 성공이 성공을 부르는 구조였다. 그 10년 동안 다이옥신 문제도 함께 쌓여 갔다. 물과 흙, 사람의 몸에 아주 천천히 말이다. 하지만 이 문제는 숲이 사라지는 것처럼 눈에 보이지 않았다.

피해가 눈에 보이기 시작한 것은 전쟁이 끝난 뒤 한참 뒤였다. 돌아온 군인들이 아프기 시작했을 때. 다음 세대의 건강 문제까지 드러나기 시작했을 때. 베트남의 땅에 오염이 오래 남아 있었다는 사실이 드러났을 때.

그때서야 사람들은 물었다. 이 무기가 정말 성공한 것이 맞는가.

앞선 다섯개의 무기들은 당대의 설계자들도 비교적 빨리 실패를 확인할 수 있었다. 판젠드럼은 시험에서 방향을 잃었고, 박쥐 폭탄은 기지를 태웠고, 블루 피콕은 윤리와 정치 문제로 막혔고, 마지노선은 짧은 시간 안에 무력해졌고, 풍선 폭탄은 군사적 효과가 거의 없었다. 실패의 시점이 설계와 가까이 있었다.

에이전트 오렌지는 달랐다. 실패의 시점이 수십 년 뒤에 있었다.

성공과 실패 사이의 시간이 너무 길었기 때문에, 성공하는 동안에는 아무도 실패를 볼 수 없었다.

챕터 2에서 ADX 플로렌스를 다뤘다. 그 감옥은 설계대로 완벽하게 작동했다. 하지만 그 완벽한 격리가 수감자의 정신을 부췄고, 스스로 목숨을 끊는 사람들이 나왔다. 성공한 설계가 만들어낸 실패였다.

에이전트 오렌지도 같은 구조다. 목표를 달성했지만, 그 달성이 만들어낸 결과를 감당할 수 없었다. 다만 규모가 다르다. ADX에서 부서진 것은 콘크리트 방 안의 개인이었다. 에이전트 오렌지에서 부서진 것은 세대를 넘어 이어지는 사람들의 몸이었다.

시간이 지나고 에이전트 오렌지가 뿌려진 베트남의 숲은 다시 자랐다. 나무가 올라오고 잎이 돌아왔다. 하지만 그 나무 아래의 토양에는 아직도 다이옥신이 남아 있다. 그리고 그 땅 위에서 태어난 아이들의 몸에도.

실패한 무기는 멈출 수 있다. 멈추면 피해도 멈춘다. 하지만 성공한 무기는 멈추지 않는다.

숲은 돌아왔다. 하지만 떨어뜨린 것들은 돌아오지 않았다.

PART 4

전쟁 무기의 오류는 단순히 엉뚱한 아이디어를 냈다는 데 있지 않다. 오히려 더 무서운 것은, 그 아이디어들이 대개 아주 합리적인 문제의식에서 출발했다는 점이다. 해변을 건너야 했고, 벽을 뚫어야 했고, 적의 진격을 늦춰야 했고, 숲 속의 적을 드러내야 했다.

문제는 인간이 그 해결책을 설계하는 순간, 자신이 결과까지 함께 설계할 수 있다고 믿기 시작한다는 것이다. 하지만 무기는 설계자의 의도만 따라 움직이지 않는다. 바람에 휘둘리고, 지형에 막히고, 정치 앞에서 멈추고, 전혀 예상하지 못한 사람들에게 떨어지고, 심지어 너무 잘 작동한 끝에 전쟁이 끝난 뒤에도 오랫동안 피해를 남긴다.

이것이 전쟁 무기가 드러내는 인류학적 오답이다. 인간은 언제나 더 정교한 무기를 만들 수 있다고 믿어 왔지만, 정작 그 무기가 세상과 부딪힌 뒤 어디까지 번져 나갈지는 끝내 완전히 계산하지 못했다.

전쟁 무기 - 해답과 재앙

알면 잠 못 드는 위험한 인문학

ⓒ 다크모드

초판 1쇄 인쇄 2026년 4월 16일

지은이 다크모드
기　획 조영훈
편　집 조영훈
디자인 김지혜
마케팅 정호윤, 김민지, 송유경, 김은주, 최서환
펴낸곳 모티브
이메일 motive@billionairecorp.com

ISBN 979-11-24370-26-1 (03160)